KYNOS RATGEBER

Boston Terrier

Manuela Thieme

KYNOS VERLAG

DANKSAGUNG

Für ihre Freundschaft, Hilfe und Fotos danke ich Katja, Heidi und Rolf Thieme, Elke Mier, Sieglinde und Karen Jarczynski, Stephanie Schuster, Steffi Semtner, Glynis und Michael Held, Josef und Christa Juchem, Claudia und Manfred Garrandt.

Dieses Buch ist meiner Schwester Katja sowie meinen Eltern Heidi und Rolf gewidmet.

Die Autorin mit ihrem Boston Terrier »Jerry«. Foto: Katja Thieme

ÜBER DIE AUTORIN

Von klein auf hat sich Manuela Thieme durch einen Großteil der Hundeliteratur gearbeitet. Seit 1998 besitzt sie Boston Terrier und hat regelmäßig verschiedene Boston Terrier wochenlang in Pflege. So erschlossen sich ihr zahlreiche Beobachtungsmöglichkeiten und sie konnte gezielt Versuche zu Bewusstsein, Intelligenz, Nachahmungsvermögen und vielem mehr bei Boston Terriern durchführen.

Konrad-Zuse-Straße 3 54552 Nerdlen/Daun
Telefon: 06592 957389-0 Telefax: 06592 957389-20 www.kynos-verlag.de

ISBN 978-3-938071-06-9

Titelbild: »Jérome vom Oedemer Sandfeld«, Foto: Steffi Semtner
Foto Seite 3: Manuela Thieme

Gedruckt in Lettland

INHALT

1 URSPRUNG DES BOSTON TERRIERS 6

Vorfahren;
Anerkennung durch den AKC;
Typentwicklung.

2 EIGENSCHAFTEN DES BOSTON TERRIERS 12

Genetische Wesensgrundlagen;
Nervenfestigkeit; Sozialverhalten;
Intelligenz; Jagdtrieb; Praktisches.

3 ÜBERLEGUNGEN VOR DEM KAUF 20

Vorüberlegungen; Züchterauswahl;
Welpenauswahl; Grundausstattung;
Zweithund.

4 EINGEWÖHNUNG UND ERZIEHUNG 32

Vertrauen; Stubenreinheit; Erziehung;
Auslauf; Stress; Spiele und
Beschäftigung.

5 SOZIALISIERUNG MIT MENSCHEN UND HUNDEN 42

Sozialisierung mit Menschen; Sozialisierung mit Hunden; Probleme.

6 VERHALTENSPROBLEME MIT DEM BOSTON TERRIER 50

Bostontypisches Verhalten; Anpassungsfähigkeit; Stereotypien.

7 ERNÄHRUNG, PFLEGE, GESUNDHEIT 58

Ernährung; Pflege; Gesundheitsprobleme A - Z.

8 AUSSTELLUNGEN UND ZUCHT 68

Standard; Austellungsvorbereitungen; Vorüberlegungen zur Zucht; Auswahl der Zuchthunde; Literaturhinweise.

1 Ursprung des Boston Terriers

Der Boston Terrier ist ein kleiner, überaus liebenswerter Hund, der eine lange Entwicklung hinter sich hat. Hunde stammen von Wölfen ab, wobei ihre Domestikation vor mindestens 15.000 Jahren begann.

Der Boston Terrier hat als Begleithund viel zu bieten.
Foto: Claudia Garrandt

Anfangs machten die Tiere sich nützlich, indem sie Abfälle und Fäkalien fraßen, Ungewöhnliches meldeten und bei der Jagd halfen. Mancherorts dienten Hunde auch als Nahrung.

VORFAHREN

Aus großen, schweren Hunden bildete sich zu Beginn des 13. Jahrhunderts in England der kleine Mastiff heraus und später daraus dann die Englische Bulldogge, die ursprünglich für Tierkämpfe (mit Bullen, Bären, ...) gezüchtet wurde. Hierzu griff die Bulldogge von vorne an, um sich in die Nase des Opfers zu verbeißen und nicht mehr loszulassen.

Im gleichen Land entstanden kleine, lebhafte Terrier zur Jagd auf kleine Raubtiere wie Fuchs, Marder und Dachs.

In der zweiten Hälfte des 18. Jahrhunderts wurden Hundekämpfe in England beliebt. Um geeignete Hunde zu erhalten, kreuzte man scharfe, wendige Terrier mit kräftigen, besonnenen Bulldoggen: Der »Bull and Terrier« entstand.

Englische Einwanderer, die sich um die Stadt Boston im Bundesstaat Massachusetts ansiedelten, brachten ihre Hunde und ihre Vorliebe für Hundekämpfe nach Amerika mit. Der in Zuchtbüchern erstbenannte Hund vom Schlage eines frühen Boston Terriers war »Hoopers Judge«, ein Import und hochgeschätzter Kampfhund, der 1875 von Robert C. Hooper gekauft wurde. Dieser Hund war eine Mischung aus Englischer Bulldogge und Englischem Terrier, wobei er der Englischen Bulldogge näher kam – die damals allerdings noch nicht so massig war und längere Läufe hatte als heute. »Hoopers Judge« war gut proportioniert mit einem quadratischen Kopf und minimalem Vorbiss. Er wog 32 englische Pfund und hatte eine dunkel gestromte Farbe mit weißer Blesse. »Hoopers Judge« wurde mit einer weißen Hündin namens »Burnetts Gyp« (auch »Burnetts Kate« genannt) verpaart. Einer der Nachkommen war »Wells Eph«, der dann »Tobins Kate« deckte.

Aus dieser Verbindung ging 1877 »Barnards Tom« hervor. Er war der erste Hund, der deutlich die Merkmale des Boston Terriers zeigte. Toms Gewicht wird je nach Quelle mit 18 oder 22 Pfund angegeben. Der dunkel gestromte Rüde hatte ungleichmäßige weiße Abzeichen und eine kurze, schraubenförmige Rute. Er wurde sehr häufig für die Zucht genutzt und zeigte sich hier als sehr guter Vererber. Ebenso wurde viel auf ihn zurückgehende In- und Linienzucht betrieben, um die Rassemerkmale

Dieses von etwa 1880 stammende amerikanische Ölgemälde zeigt einen Boston Terrier und einen Bull Terrier. Quelle: Sammlung Dr. D. Fleig

allmählich zu festigen. Gleichzeitig wurden aber auch ab und zu völlig fremde Hunde zur Blutauffrischung eingekreuzt. Nach seiner Karriere als Deckrüde setzte man Tom ausschließlich als Kampfhund ein.

ANERKENNUNG DURCH DEN AKC

1878 fand in Boston eine Ausstellung des Kennel-Club Massachusetts statt, bei der erstmals Exemplare der neuen Rasse in der Klasse der Bullterrier gezeigt wurden. Doch schon bald war klar, dass in dieser Klasse immer die langschnäuzigen, weißen Englischen Bullterrier gewinnen würden. Daher wurde schließlich eine spezielle Gruppe für rundköpfige Bullterrier eingeführt. Ebenso hatte sich der Amerikanische Bull Terrier Club gebildet, der die neue Rasse unterstützte. 1891 wollten sie im Amerikanischen Kennel-Club (AKC) Mitglied werden. Um Streit mit dem Bullterrier-Club zu vermeiden, wurde die Rasse erst in Amerikanischer Bullterrier, dann in Boston Bullterrier und schließlich in Boston Terrier umbenannt. Da die fehlende Einheitlichkeit im Typ bemängelt wurde, dauerte es allerdings bis 1893, bis die Rasse schließlich vom AKC anerkannt wurde.

Boston Terrier wurden schnell beliebte Showhunde, die auf Ausstellungen zahlreich vertreten waren. Champions wurden regelmäßig zu hohen Preisen verkauft. Auch als Begleithund war der Boston Terrier bald sehr gefragt. Seine Kampfhundanfänge hatte er damit für immer hinter sich gelassen, stattdessen züchtete man jetzt auf ein ansprechendes Äußeres und ein angenehmes Wesen.

Boston Terrier »Tom«.
Quelle: »Hunderassen« von H. Graf von Bylandt, 1894

TYPENTWICKLUNG

Die Ausgangshunde zeigten große Unterschiede bezüglich ihres Gewichts. Während zum Beispiel Hoopers Jugde 32 Pfund wog, brachte es der aus Schottland importierte und dann in den Boston Terrier eingekreuzte Perry-Hund gerade mal auf sechs Pfund.

1895 mussten Boston Terrier zwischen 15 und 30 Pfund wiegen. Die damaligen Menschen kauften bevorzugt sehr kleine Tiere als Stadthunde, allerdings wurden mitunter auch größere Boston Terrier (35 - 40 Pfund) als Wachhunde verlangt. Letztlich stellte sich heraus, dass Tiere um die 15 Pfund meist die schönsten waren, und so wurde die Obergrenze langsam herabgesetzt (von 28 über 27 zu heute 25 Pfund). Zwischenzeitlich wurde sogar eine zusätzliche Gewichtsklasse für Toy-Boston Terrier unter 12 Pfund eingerichtet, und auch heute gibt es keine Untergrenze bezüglich des Gewichts. Sehr kleine Boston Terrier neigen dazu, zu wenig Substanz zu haben, während größere etwas plump wirken können.

Generell hatten die ursprünglichen Boston Terrier einen länglicheren Körperbau mit längerem Fang und Rute. Die Ohren waren stets kupiert. Heutzutage präsentiert sich der Boston Terrier dagegen zierlicher mit fein geschnittenem Kopf und elegantem, aber kraftvollen Körper. Bei allen Veränderungen hinsichtlich Größe und Typ sollte und soll der Boston Terrier vor allem aber immer harmonisch gebaut und ausgewogen aussehen.

Die ursprünglich vertretenen Farben gingen von größtenteils hell bis dunkel gestromt mit mehr oder weniger weißen Markierungen. Gelegentlich kamen auch vollkommen weiße Boston Terrier vor. Ein eingekreuztes Individuum war blau mit weißen Abzeichen, ein anderes weiß mit schwarzen Flecken. An sich kam schwarz aber am Anfang so gut wie gar nicht vor und durfte zunächst auch nicht ausgestellt werden. Heute ist diese Farbe zulässig, wenngleich gestromt bei zwei ansonsten gleich guten Hunden immer noch vorzuziehen ist.

Des Weiteren hat der Standard von Anfang an Wert darauf gelegt, dass der Kopf des Boston Terriers einen hohen Grad an Intelligenz zeigt. Wenn man mit ihm spricht, soll der Hund den Eindruck erwecken, dass er jedes Wort versteht und über eine außergewöhnliche Intelligenz verfügt.

Der Boston Terrier ist eine Mischung aus Bulldogge und Terrier.
Foto: Stephanie Schuster

2 Eigenschaften des Boston Terriers

GENETISCHE WESENSGRUNDLAGEN

Will man das wahre Wesen des Boston Terriers ergründen, sollte man zunächst – wie im vorhergehenden Kapitel – seine Geschichte und die dadurch begründeten Charaktereigenschaften nachvollziehen: die Abstammung vom sozial lebenden Raub-

Die Form eines Lebewesens verrät viel über seine Funktion. Foto: Claudia Garrandt

und Lauftier Wolf, die Entwicklung zum willigen Haushund, den ursprünglichen und den heutigen Verwendungszweck des Boston Terriers.

Beim Boston Terrier kommt aber noch eine Besonderheit hinzu: Er besitzt einen hohen Grad an Neotenie, womit man in der Zoologie einen Zustand bezeichnet, bei dem ausgeprägte kindliche Merkmale auch im Erwachsenenalter beibehalten werden.

Die genetische Verjugendlichung kann entstehen, indem sich ein Individuum durch Mutation von der Zeugung an langsamer entwickelt und manche Körperteile sich bereits im Embryonalstadium zurückbilden oder vorzeitig das Wachstum einstellen. Außerdem setzt die Geschlechtsreife in einem vergleichsweise frühen Entwicklungsstadium ein.

Körperlich verfügen solche Individuen auch als Erwachsene über ein starkes Kindchenschema. So haben sie – wie sehr junge Welpen – einen verhältnismäßig großen Kopf. Lange Fänge und Ruten sowie große (Hänge-) Ohren und Zähne entwickeln sich hingegen nicht.

Charakterlich ist bei den extrem verjugendlichten Boston Terriern der kindliche Sozial-, Spiel- und Lerntrieb und der hormonell bedingte Fortpflanzungstrieb stark ausgeprägt, während zum Beispiel der für erwachsene Wölfe typische Jagd- und Territorialtrieb kaum vorhanden ist.

Des Weiteren hat auch das Temperament nicht unwesentliche Auswirkungen auf den Charakter. Der aktive Boston Terrier mit dem beweglichen Körper kann von klein auf seine sozialen Veranlagungen und seine die Umwelt erforschende Intelligenz vollständig ausleben und somit differenziert entwickeln und verstärken. Dadurch ist er keiner der Hunde, die entweder gar nicht oder aber überreagieren, sondern er verhält sich angemessen und situationsgerecht.

Zu guter Letzt können in sehr seltenen Fällen Mutationen auftreten, die ein verändertes Wesen bei einem Individuum zur Folge haben, welches sich nicht aus den drei oben genannten Punkten ergibt.

Kommen wir nun zu den konkreten Eigenschaften, die ein Boston Terrier bei guter Aufzucht und Haltung entwickeln wird.

NERVENFESTIGKEIT

Der selbstsichere Boston Terrier hat ein sehr ausgeglichenes Temperament und Nerven aus Stahl. Er reagiert nur verhältnismäßig selten – wenn überhaupt – ängstlich oder schreckhaft. In unserer heutigen Zeit erweist sich ein solcher Hund, der neue Umweltreize, Situationen und

Boston Terrier können ein komplexes Sozialverhalten entwickeln.
Foto: Stephanie Schuster

Reisen nicht nur akzeptiert, sondern regelrecht mag und braucht, als sehr praktisch. Voll von kindlich-naivem Vertrauen in sich und seine Menschen, wird er sich ebenso problemlos daran gewöhnen, ab und zu für ein paar Stunden allein zu bleiben.

SOZIALVERHALTEN

Der Boston Terrier ist ein überaus sozialer Hund. Bei entsprechender Haltung ist er freundlich gegenüber allen Lebewesen und rauft in der Regel nicht mit anderen Hunden. Stattdessen kann er auch und gerade zu gleichgeschlechtlichen Hunden sehr enge Freundschaften aufbauen, in denen mitunter keinerlei Dominanzgesten, Vorrechte und Rangordnungen zu erkennen sind. Solche Hundefreunde rennen bei der Begegnung aufeinander zu, spielen miteinander und schlecken sich gegenseitig ab. Sie kennen untereinander keinen Futterneid und kämpfen auch nicht um Spielzeug, Streicheleinheiten oder läufige Hündinnen.

Ein Boston Terrier wird ängstliche oder hustende Hundefreunde sowie seine traurigen oder kranken Menschen abschlecken und in unmittelbarer Nähe bleiben. Ebenso nutzt er Schwäche nicht für Dominanzgehabe aus, sondern geht vorsichtig mit kleineren Hunden und Kindern um und lässt sich von diesen so gut wie alles gefallen. Bemerkenswert ist außerdem sein Schutztrieb, mit dem er in Not geratene Freunde ohne Rücksicht auf die eigene Sicherheit knurrend verteidigt.

Im Haus sind Boston Terrier überaus wachsam, bellen aber so gut wie nie. Das liegt daran, dass sie wirklich nur dann kurz anschlagen, wenn eine fremde Person den Garten betritt (zum Beispiel ein neuer Paketzusteller oder ein bis dahin unbekannter Gast). Diese hören sie dann sogar im Tiefschlaf und werden es melden, falls ihre Menschen es nicht vor ihnen bemerkt haben. Danach begrüßen sie den Gast.

Keli, Jeremy und Jerry sind ein eingespieltes Team, in dem jeder jedem hilft. Foto: Manuela Thieme

Bostons sind sehr verschmuste Hunde.
Foto: Manuela Thieme

Bei Spaziergängen im Dunkeln wird der Boston zu seinen Menschen aufschließen, wenn sich verdächtige Personen nähern, und diese sicherheitshalber genau beobachten.

Der Boston Terrier reagiert sehr sensibel auf Stimmlage und Stimmung des Halters und genießt stundenlanges Schmusen. Er will seinen Lieblingsmenschen immer in der Nähe wissen und passt sich ihm und seinem Lebensrhythmus vollkommen an. Ansonsten sei noch darauf hingewiesen, dass der Boston seine Zuneigung gern und stürmisch zeigt und überall mitmachen muss, wo etwas los ist.

INTELLIGENZ

Wissenschaftler haben herausgefunden, dass die neotensten Hunde größere Gehirne als gleichschwere langschnäuzige Hunde haben. Ebenso haben sie festgestellt, dass der Neocortex mit steigender Gehirngröße überproportional zunimmt. Die Forscher denken, dass der Neocortex für höhere geistige Funktionen wie zum Beispiel das Lern- und Denkvermögen verantwortlich ist. Der Boston Terrier besitzt hohe Intelligenz, spielt sein ganzes Leben lang gern und muss auch im fortgeschrittenen Alter noch alles neugierig beobachten und untersuchen. Der Halter sollte nicht überrascht sein, wenn der Boston auf einmal einen Ball unter dem Schrank hervorholt, indem er ihn mit beiden Vorderpfoten umgreift und dabei rückwärts zurückkriecht. Oder wenn er auf der Straße liegende Leckerbissen scheinbar kaum wahrnimmt, hundert Meter weiter dann aber verschwunden ist. Man staunt nicht schlecht, wenn man einen Boston Terrier »Kriech« machen lässt, und ein anderer, der weder das Wort noch das Verhalten kennt, es ihm gleichtut, um den Leckerbissen zu erreichen.

Neben dem schnellen Herstellen von Assoziationen, Nachahmen und einfachem logischen und einsichtigen Handeln kann der Boston Terrier auch sehr kreativ sein und ansatzweise abstrakt denken. So habe ich meinem Jerry unter anderem »Mach etwas Neues« beigebracht, woraufhin er eine beliebige bekannte oder erfundene Handlung ausführt, die sich von den vorhergehenden unterscheidet. Bei dem Kommando »Bring das Gleiche« holt er einen Gegenstand, der dem in meiner Hand gleicht.

Diese Intelligenz will und muss allerdings gefordert werden. Außerdem gilt: niemals gegen, sondern immer mit dem Hund arbeiten! Ansonsten setzt der Boston Terrier seinen Kopf jedoch nicht mit Aggression, sondern mit Liebenswürdigkeit oder Täuschungsmanövern durch.

JAGDTRIEB

Viele Boston Terrier zeigen nur sehr geringe oder keine Jagdpassion. Sie scheinen andere Tiere nicht als Beute wahrzunehmen und reagieren auch nicht reflexartig auf schnelle Bewegungen. Daher haben die meisten Boston Terrier keine Probleme mit rennenden Kindern, Joggern und Fahrradfahrern. Dennoch verfügen Boston Terrier wie jeder Hund über jagdliche Verhaltensweisen (Anschleichen, Hinterherlaufen, Mäuselsprung, Totschütteln, ...), welche sie übertrieben spielerisch an ihren Leckerlis und Kuscheltieren ausleben.

Wissenschaftler vermuten einen Zusammenhang zwischen der jagdlichen Veranlagung verschiedener Hunderassen und der Art ihres Sehvermögens. Sie fanden vor kurzem heraus, dass kurzschnäuzige Hunde dreimal so viele Nervenenden auf ihrer Netzhaut wie langschnäuzige Hunde haben und deshalb menschenähnlicher sehen. Davor war nur bekannt, dass kurzschnäuzige Hunde über ein besseres räumliches Sehver-

Während Jerry sich im Wasser abkühlt, schwimmen ein paar Enten unbeeindruckt vorbei. Foto: Manuela Thieme

mögen verfügen. Langschnäuzige Hunde dagegen nehmen Bewegungen in einem weiteren Umfeld besser wahr.

PRAKTISCHES

Der Boston Terrier ist so handlich, dass er seinen Menschen fast überallhin begleiten kann, und gleichzeitig groß und robust genug, so dass er sich für so gut wie alle Unternehmungen eignet. Tageswanderungen sind für ihn kein Problem, er kann aber auch mit nur zwei bis drei Stunden Auslauf täglich zufrieden leben.

Des Weiteren riecht der Boston kaum nach Hund, ist sehr pflegeleicht und verliert nur verhältnismäßig wenig Haare. Außerdem verfügt er über eine gute Gesundheit und eine hohe Lebenserwartung.

Gipsys Augenausdruck spricht Bände.
Foto: Elke Mier

Trotz grundlegender Gemeinsamkeiten zeigen Boston Terrier eine große Individualität in Gesichtsausdruck, Färbung, Körperbau, Verhaltensweisen und Charakter. Foto: Manuela Thieme

3 Überlegungen vor dem Kauf

Mit gutem Willen und etwas Mühe kann jeder Durchschnittshalter so gut wie alle Bedürfnisse des Boston Terriers erfüllen. Es lohnt sich aber, wenn man sich mit der Hundehaltung wirklich etwas mehr Mühe macht, denn dies hat viele Vorteile:

Zunächst werden unsere Mitmenschen gegen einen kleinen, leisen, freundlichen und gut erzogenen Hund, dessen Hinterlassenschaften weggeräumt werden, nichts einzuwenden haben.

Und desto mehr ein Boston Terrier-Halter seinem Hund gibt, umso mehr wird auch er selbst von diesem zurückbekommen und umso mehr wird sich das bezaubernde und vielschichtige Wesen des Bostons entfalten.

Zu guter Letzt sollte man sich dem Hund zuliebe stets vor Augen führen, dass wir Menschen Boston Terrier nach unseren Vorstellungen und Bedürfnissen züchten beziehungsweise kaufen. Wir bestimmen ihr Futter, ihren Auslauf, die Zuwendung, die sie bekommen, und praktisch fast alles in ihrem Leben. Ich denke, wir sind es ihnen schuldig, dass wir sie so gut wie irgend möglich halten.

VORÜBERLEGUNGEN

Wenn Sie mit der Anschaffung eines Boston Terriers liebäugeln, sollten Sie folgende Punkte genau und ehrlich durchdenken:

1. Ein Boston Terrier kann bis zu 16 Jahren alt werden. Mit dem Kauf übernehmen Sie die volle Verantwortung für sein ganzes restliches Hundeleben, was Zeit, Arbeit, Nerven, Opfer, Planung und Geld kostet.
2. Ein Boston Terrier sollte – wie jeder andere Hund auch – nicht länger als sechs Stunden pro Tag alleine sein. Außerdem verbringt er auch den Urlaub am liebsten mit seiner Familie. Ein Zweithund als ständiger Sozialpartner kann das Problem lindern, aber nicht lösen.

3. Sind Sie bereit und offen, sich auf einen Boston Terrier einzulassen? Können Sie außerdem täglich mindestens zweieinhalb Stunden mit ihm spazieren gehen?

Falls Sie sich jetzt nach gründlicher Überlegung für die Aufnahme eines Boston Terriers entschieden haben, müssen konkrete Fragen beantwortet werden.

ZÜCHTERAUSWAHL

Um einen guten Züchter zu finden, wird man idealerweise mehrere besuchen, um sich ein Bild machen zu können. Hierbei sollten einem sowohl die erwachsenen Bostons als auch der Züchter und die Beziehung zwischen Züchter und Hunden gefallen. Nehmen Sie unbedingt Abstand von »Vermehrern« und Hundehändlern, die Welpen mehrerer Rassen zum Verkauf anbieten!

Für die Zucht dürfen nur die besten Hunde gerade gut genug sein.
Foto: Elke Mier

In den Abschnitten »Vorüberlegungen zur Zucht« und »Auswahl der Zuchthunde« beschreibe ich, worauf es bei der Zucht gesunder, wesensfester und schöner Hunde ankommt. Nach den gleichen Punkten sollte auch der Welpenkäufer seinen Züchter aussuchen.

Die Welpen selbst sollten gesund und sauber aussehen mit klaren Augen, kurzen Krallen und glänzendem Fell, und auch die Mutterhündin macht einen gesunden, munteren Eindruck.

Züchteradressen vermitteln die Rasseclubs:

Deutschland
1. Club für Boston Terrier in Deutschland e.V. (1. CBD)
Postfach 15 18
D - 67269 Grünstadt,
Tel./Fax: 06357/1553
Internet: www.boston-terrier.de

Klub für Terrier e.V. (KfT)
Schöne Aussicht 9
D - 65451 Kelsterbach
Tel.: 06107/2365
Internet: www.terriers.de/boston.htm

Österreich
Austrian Boston Terrier Freunde
Bahnstraße 15
A - 3425 Langenlebarn
Tel.: 0043/2272/65887
Internet: www.bostonterrier.at

Schweiz
Boston Terrier Freunde Schweiz (BTFS)
Hürstweg 1
CH - 5608 Stetten
Tel.: 0041/45/4962606
Internet: www.bostonterrier.ch

Einfach unwiderstehlich. Foto: Elke Mier

Acht Wochen alter Welpe im neuen Zuhause. Foto: Manuela Thieme

Bevor ein Boston Welpe ins Haus kommt, muss vieles durchdacht werden. Foto: Elke Mier

WELPENAUSWAHL

Da der Boston Terrier sich zeitlebens an neue Menschen und Tiere gewöhnen kann, ist es nicht so entscheidend, in welchem Alter Sie ihn zu sich holen. Die beim Boston Terrier ausgeprägte Neotenie legt die Vermutung nahe, dass die Sozialisationsphase bei ihm zeitlich nicht so klar abgegrenzt ist wie bei anderen Hunderassen. Normalerweise gibt man als ideales Abgabealter acht Wochen an, damit man die bis zur etwa 12. Woche andauernde Sozialisationsphase optimal nutzen kann, um den Welpen an verschiedenste Umweltreize und soziales Verhalten gegenüber anderen Hunden und Lebewesen zu gewöhnen. Beim Boston Terrier scheint dies auch zu späteren Zeitpunkten noch möglich zu sein, sodass Sie auch in Erwägung ziehen können, einen bereits älteren Hund zu sich zu nehmen – vorausgesetzt, er hat bisher keine schlechten Erfahrungen gemacht. Möglicherweise spüren Sie gleich eine Verbindung zu einem solchen Hund, der noch nicht verkauft werden konnte oder umständehalber abgegeben wird.

Die Mutterhündin Julie wacht über ihre Welpenschar. Foto: Elke Mier

Entspannung total – Boston Terrier liegen gerne so.
Foto: Manuela Thieme

Bostons lieben Kuscheltiere ...
Foto: Manuela Thieme

... und sind Sonnenanbeter.
Foto: Elke Mier

Meinen Jerry übernahm ich mit vier Monaten als letzten Welpen aus einem Sechser-Wurf – ein absoluter Glücksgriff! Foto: Manuela Thieme

Wenn Sie sich eine Weile mit den Welpen beschäftigen und dem Züchter gut zuhören, werden Sie schnell feststellen, dass es zwischen den einzelnen Welpen mitunter erhebliche Wesensunterschiede gibt. Wer sich für einen der dominanten Welpen entscheidet, sollte auch über die notwendige Konsequenz verfügen und dem Hund sehr viel körperliche Auslastung bieten.

GRUNDAUSSTATTUNG

Zunächst benötigt man einen Futter- und Wassernapf. Je nachdem, ob der Boston Terrier vorwiegend ohne oder mit Leine spazieren geht, braucht er noch ein Halsband- oder ein Brustgeschirr, eine kurze Leine oder/und eine acht Meter lange Ausziehleine.

Am Halsband kann man dann aus Sicherheitsgründen noch einen Metallanhänger mit der eingravierten Telefonnummer des Besitzers befestigen.

Bei Spaziergängen darf man Plastikbeutel oder Ähnliches nicht vergessen, damit man die Hinterlassenschaften seines Lieblings entfernen kann.

Als Schlafplatz eignen sich Kissen, Kunststoffkörbchen, Hundematratzen oder Schaumstoffbetten, jeweils mit waschbarer Auflage. Diese kann man gleich so groß kaufen, dass auch der erwachsene Hund noch hineinpasst. Auf Hundeausstellungen gibt es schöne Hunde-Tragetaschen, die dem Boston Terrier beim Besuchen von Freunden oder auf Reisen auch gleichzeitig als Schlafplatz dienen können.

Ansonsten lieben Boston Terrier Fensterplätze. Sie liegen gern in der hereinscheinenden Sonne und beobachten die Welt draußen. Ebenso erhöht ein Garten die Lebensqualität des Hundes.

Man sollte für den Boston Terrier im Zoofachhandel etwas Hundespielzeug kaufen, wie zum Beispiel Kauknochen, Bälle, verknotetes Tau, Quietsch-Spielzeug und Kuscheltiere. Baby- und Kleinkindspielzeug ist meist nicht stabil genug und hält den Hundezähnen nicht lange stand, hier besteht die Gefahr, dass der Welpe Teile abbeißt und verschluckt.

Alte, zusammengeknotete Socken oder ein Kanten hartes Brot sind auch ein geeignetes und dazu preiswertes Hundespielzeug.

Für die Pflege des Hundes wird man außerdem Zeckenzange, Krallenzange, Hundeshampoo, Ungeziefershampoo, Handtuch, Geruchsbeseitiger und ein Fieberthermometer benötigen.

Zu guter Letzt sollten Sie etwas von dem Futter vorrätig haben, welches Ihr Welpe schon von seinem Züchter kennt. Sie können dieses natürlich trotzdem noch umstellen und Ihren Hund an ein neues Futter gewöhnen, vorausgesetzt, die Umstellung geschieht nicht abrupt, sondern so allmählich, dass das Verdauungssystem sich darauf einstellen kann.

Hunde sind steuerpflichtig und müssen daher bei der entsprechenden Stadt- oder Gemeindeverwaltung angemeldet werden. Um sich gegen eventuelle Schäden durch den eigenen Hund abzusichern, sollte man unbedingt eine Hunde-Haftpflicht-Versicherung abschließen.

Des Weiteren sollte man einen Tierarzt finden, der dem Boston Terrier und einem selbst sympathisch ist und in dessen Fähigkeiten man Vertrauen hat. Freunde mit eigenen Hunden können gute Tierärzte empfehlen.

ZWEITHUND

Vorteile für zu zweit gehaltene Bostons liegen in der ständigen Beschäftigungsmöglichkeit miteinander. Des Weiteren bietet sich ein Zweithund an, wenn man für den Ersthund keine geeigneten Hundefreunde gefunden hat oder diese nicht oft und lange genug besuchen kann.

Nachteilig wirkt sich aus, dass eine sehr intensive Beschäftigung mit dem Ersthund so nicht mehr möglich ist. Ebenso wird es komplizierter, mehrere Hunde überall mitzunehmen. Häufiger als erwartet kommt es auch zwischen meist gleichgeschlechtlichen Hunden zu Streitigkeiten (Konkurrenz um Aufmerksamkeit, Futter, ...), Dauerstress (wenn einer der Hunde den anderen ständig unterdrückt oder zu unberechenbaren und übertriebenen Aggressionsausbrüchen neigt) oder gar Ernstkämpfen (um Territorium und Alpha-Position).

Entscheidet man sich für einen Zweithund, so sollten die Hunde in Größe und Wesensart zusammenpassen. Ideal wäre natürlich ein zweiter Boston Terrier! Bezüglich des Altersunterschiedes sollte der Ersthund bereits erzogen sein und eine stabile, ausgeglichene Persönlichkeit entwickelt haben. Auf der anderen Seite sollte er noch jung genug sein, um von einem aktiven Junghund nicht überfordert zu werden und sich notfalls durchsetzen zu können.

Hündin und Rüde verstehen sich meist problemlos, wobei die Hündin dann oftmals kastriert wird, um ungewollten Nachwuchs zu verhindern.

Diese sechs Hündinnen genießen den gemeinsamen Urlaub.
Foto: Elke Mier

Wer mit mehreren gleichgeschlechtlichen Hunden in Harmonie leben will, hat im Wesentlichen zwei Möglichkeiten. Zum einen kann er dies erreichen, indem er die Hunde entsprechend erzieht. So kann er den dominanteren Hund immer zuerst begrüßen, streicheln, von der Leine lassen und ihm das erste Leckerli geben. Kommt es dennoch zu Streitereien, wird der Mensch den Hunden mit einem lauten Wort klarmachen, dass er so etwas nicht duldet.

Oder, und diese Variante bevorzugen viele Boston Halter und auch ich, er kann bei jedem seiner Bostons das Sozialverhalten und die Intelligenz stark fördern und für die körperliche Auslastung sorgen. Solche zufriedenen Bostons werden sehr komplexe Beziehungen zueinander aufbauen, in denen die Zuneigung zueinander das Wichtigste und eine Rangordnung kaum erkennbar ist. So werden alle Bostons nett zu dem oder den anderen Bostons sein, zum Beispiel dem anderen mal etwas gefundendes Essbares überlassen, mitunter etwas zur Seite gehen, wenn der andere sich an eine bestimmte Stelle legen will, ihn abschlecken und verteidigen. Und alle Bostons werden gelegentlich ihre Gefährten täuschen und manipulieren, wenn sie mal ihren Kopf durchsetzen wollen. Entsprechend ihrer jeweiligen Stimmung werden sie mal sehr sanft und zart oder auch recht rau miteinander spielen.

Jerry begrüßt den Welpen Luca. Foto: Manuela Thieme

4 Eingewöhnung und Erziehung

Wer seinen Hund wirklich mag, sich intensiv mit ihm beschäftigt und ihn genau beobachtet, wird schnell feststellen, was der Hund braucht und was ihm dagegen schadet. Er wird – selbst wenn er anderes gehört oder gelesen hat - entsprechend handeln, und der Erfolg wird ihm Recht geben. Unter solchen Umständen entwickelt sich eine wunderschöne und problemlose Beziehung zum Hund von ganz alleine. Ob ein Hund gut gehalten wird, sollte man stets am Hund selbst beurteilen. Im Idealfall zeigt er keine Verhaltensauffälligkeiten, ist ausgeglichen und voller Lebensfreude.

Folgende Punkte führen zu einem solchen »Idealfall«.

1. Die Rasse des Boston Terriers passt zu den Vorstellungen und zum Charakter des Halters.

2. Der Boston hat eine gute Aufzucht und Gewöhnung an Hunde, Menschen und Umweltreize genossen.

3. Er hat eine gute Beziehung zu seiner Hauptbezugsperson. Diese ist der feste Punkt in seinem Leben und fast immer mit ihm zusammen, falls er nicht gerade kurz allein gelassen wurde.

4. Er tobt regelmäßig mit seinen Hundefreunden herum oder hat einen zu ihm passenden Zweithund.

5. Er darf seine hundetypischen Verhaltensweisen weitestgehend ausleben.

6. Er erhält sehr viel Auslauf, Spiel und abwechslungsreiche Beschäftigung.

Eine gute Beziehung zu seinem Menschen ist das A und O für die Ausgeglichenheit des Bostons. Foto: Katja Thieme

7. Er ist nicht ständig sonstigem Stress ausgesetzt.

8. Er ist körperlich gesund und hat keine Schmerzen.

Die jeweiligen Abschnitte in diesem Buch behandeln die einzelnen Punkte ausführlicher.

VERTRAUEN

Als Wichtigstes muss der Boston Terrier begreifen können, dass sein Mensch immer für ihn da ist und man sich in allen Situationen auf ihn verlassen und an ihm orientieren kann. In den Augen des Hundes verhält sich das zweibeinige Wesen erfahren und sinnvoll. Man kann herrlich mit ihm spielen und schmusen.

Der Welpe merkt auch, dass es keinen Grund zur Beunruhigung gibt, wenn man überall angefasst oder mit dem Bauch nach oben im Arm gehalten wird. Der Mensch ist sehr geduldig, verlangt aber auch einen

Bostons sind sehr verspielt ... Foto: Elke Mier

... und begreifen schnell. Foto: Manuela Thieme

gewissen Respekt. Gleichzeitig respektiert der Mensch natürlich auch den Hund und zeigt ihm seine Zuneigung. Ein Boston Terrier, der dies erfahren durfte, wird sehr an seinem Menschen hängen und ihm – wenn es darauf ankommt – bereitwillig auf den kleinsten Wink hin folgen, ohne seine eigene Persönlichkeit aufzugeben.

Ansonsten sollte bereits der Junghund lernen, dass Frauchen/ Herrchen wiederkommen, nachdem sie ihn kurz allein gelassen haben.

STUBENREINHEIT

Jeder Hund wird ab einem bestimmten Alter versuchen, sein Lager sauber zu halten. Er wird sein Geschäft nur in der Wohnung machen, wenn seine Besitzer mit ihm nicht rechtzeitig rausgegangen sind, er plötzlich schlimmen Durchfall hat, unter Stress steht oder weil er es sich falsch angewöhnt hat.

Vor allem der Welpe muss daher immer sofort nach dem Aufwachen, Essen, Spielen und längerem Alleinsein nach draußen gebracht werden. Ebenso hat der Boston ein dringendes Bedürfnis, wenn er suchend und schnüffelnd herumläuft, sich in kleinen Kreisen zu drehen beginnt, sich hinhocken will, nervös oder unruhig wirkt. Der Schlüssel zur Stubenreinheit liegt in der eigenen Wachsamkeit – den Hund oft genug hinausbringen und für das Verrichten des »Geschäftes« draußen loben.

Passiert doch mal ein Missgeschick im Haus, wird es kommentarlos weggewischt, ohne den Hund zu strafen. Das nächste Mal müssen Sie eben schneller sein!

ERZIEHUNG

Eines der wichtigsten Dinge, die ein Hund lernen muss, ist wohl das Herankommen. Als Signal hierfür kann ein verbales »Komm her«, ein Pfeifen oder auch eine Körperbewegung dienen. Der Boston wird zum Herankommen animiert, indem man wegrennt, sich versteckt, ihn heranlockt, sich hinhockt oder indem man das Zeichen für »Komm« gibt, wenn er sowieso gerade kommen wollte.

Man kann dem Boston Terrier binnen kürzester Zeit neue Worte beibringen. Bei vielen Worten lernen sie sogar die Bedeutung von alleine und reagieren entsprechend, obwohl man es ihnen nie bewusst gezeigt hat. Gleichwohl sollte ein Boston Terrier nicht einfach nur der Befehlsempfänger seines Besitzers sein. Wenn man ihn aber ohne Leine laufen lassen möchte, ist es notwendig, dass er in Notfällen auf bestimmte Worte zuverlässig reagiert.

Bei der Boston-Erziehung muss man zwei Dinge bedenken: Einerseits hat der Boston ein ausgeprägtes Bedürfnis, seinem Halter zu gefallen, und er reagiert stark auf die jeweilige Stimmlage und Stimmung seines Menschen. Andererseits ist sehr intelligent und erkennt schnell, wie er Anweisungen umgehen kann. Deshalb ist es sehr wichtig, eine gute Beziehung zu seinem Boston Terrier aufzubauen. Er muss lernen, dass er seinen Menschen immer vertrauen kann und dass seine Menschen in seinem Interesse handeln. So werden seine Menschen ihn zwar ab und an zu sich rufen und anleinen, genauso werden sie ihn aber auch regelmäßig ableinen, mit ihm spielen, ihn zu Wiesen, Wasserstellen oder Hundefreunden führen, auf ihn aufpassen und ihm bestätigend zunicken, wenn er sie fragend anschaut.

Einen Boston Terrier, der eine solche Beziehung zu seinen Menschen hat, kann man mit liebevoller Konsequenz sehr leicht erziehen. Der Mensch sagt leise, was er von seinem Boston möchte. Danach ignoriert er Fehlverhalten, besteht aber weiterhin geduldig auf der Ausführung. Und wenn der Boston richtig reagiert, wird er gelobt.

Die wichtigsten Worte, die ein Hund sonst noch verstehen sollte, sind:

»Sitz«,
»Platz«,
»Steh«,
»Bleib«,
»Bei Fuß«,
»Lass los« (Gegenstände oder Futter, welches er im Maul hat),
»Schau her« (in die Augen),
»Nein« (Hund unterbricht seine Handlung),
»So ist's fein« (Lob) und
»Na lauf« (wenn er zum Beispiel nach dem
»Sitz« wieder weiterrennen darf).

Man sollte versuchen, den Hund ohne körperlichen Zwang zu dem entsprechenden Verhalten zu bewegen. Für das »Sitz« hält man zum

Gut erzogene Hunde bereiten allen Beteiligten Freude.
Foto: Manuela Thieme

Beispiel ein Leckerli über seine Nase, für das »Platz« eines unter die flache Hand, die knapp über den Fußboden gehalten wird und gibt gleichzeitig die entsprechenden Kommandos.

Oder man sagt das entsprechende Wort, wenn er von sich aus gerade ein bestimmtes Verhalten zeigt.

Später wird er nicht mehr jedes Mal, sondern nur noch gelegentlich mit Leckerchen und immer mit freundlichen Worten für die richtige Ausführung gelobt. Falsche Reaktionen werden nicht bestraft, sondern ignoriert. Ignoranz ist viel wirksamer als Strafe!

Es erweist sich als sinnvoll, seinem Hund neben Hör- auch Sichtzeichen beizubringen. Außerdem macht es den meisten Bostons großen Spaß, Kunststücke zu lernen, wie zum Beispiel Rolle, kriechen, Männchen machen, Pfötchen geben, Drehung, Slalom durch die Beine, über die Arme springen, auf der Seite liegen, Kopf zwischen die Vorderpfoten legen, und so weiter.

Eine schöne und lohnende Aufgabe besteht auch darin, dem Boston Terrier das Apportieren, das Herbeiholen verschiedenster Gegenstände, beizubringen.

AUSLAUF

Man sollte seinen Hund so oft wie möglich mitnehmen, ihm alles zeigen und ihn an die verschiedensten Verkehrsmittel, Geschäfte, Stadt- und Landschaftsbilder gewöhnen.

Bei sehr warmem Wetter wird man bevorzugt während der kühleren Zeiten oder in schattenreichen Gebieten spazieren gehen. Mit seinem verkürzten Fang ist der Boston Terrier besonders hitzeempfindlich! Ansonsten empfehlen sich regelmäßige Pausen, in denen der Hund sich ausruhen, trinken oder schwimmen kann. Und – niemals den Hund bei warmem Wetter oder Sonnenschein allein im Auto lassen, es drohen Hitzschlag und Erstickungsgefahr!

Vorsicht ist ebenfalls bei Gewässern angesagt: Manche Boston Terrier benutzen beim Schwimmen ihre Hinterläufe nicht, wodurch sie bei Wendungen schnell in Rückenlage geraten und untergehen. Eine Schwimmweste oder »Schwimmunterricht« können das Problem lösen. Bevor ein Boston Terrier das erste Mal in ein Gewässer läuft oder gar schwimmt, bedarf es allerdings meist sowieso einiger Überwindung.

Bei stundenlangen Wanderungen im Winter, besonders bei nasskaltem Wetter, helfen ein gefütterter Mantel oder ab und zu ein kurzes Rennspiel, damit der Boston weniger friert und sich nicht so verkrampft. Natürlich kann man bei Minusgraden aber auch einfach kürzer und dafür lieber häufiger spazieren gehen.

Es kann niemals schaden, seinen Hund zu einem angemessenen Verhalten im Straßenverkehr zu erziehen. Der Boston Terrier sollte lernen, von sich aus an Bordsteinkanten anzuhalten, zu warten, sich links neben seinen Halter zu setzen, ihn anzugucken und schließlich auf ein bestimmtes Zeichen hin die Straße »Bei Fuß« zu überqueren.

Später begreift der Boston Terrier von alleine, auch an Straßen ohne Bordstein anzuhalten.

Man sollte den Boston keineswegs zu früh von der Leine lassen, sondern erst, wenn er die Verkehrsregeln wirklich beherrscht und durch seinen Besitzer den Ernst der Lage verstanden hat.

Beim Spaziergang muss der Halter aufmerksam Hund und Umgebung beobachten, um bei besonderen Risikosituationen verstärkend »Warte« rufen beziehungsweise den Hund anleinen zu können. Besondere Vorsicht muss man auch bei offenen Gartentoren, Ein- und Ausfahrten walten lassen.

Jerry ist vom Ostseewasser noch nicht restlos begeistert.
Foto: Steffi Semtner

Als letzte Notbremse sollte der Hund unbedingt das Wort »Zurück« beherrschen, falls er schon mit ein oder zwei Pfoten auf der Straße steht!

STRESS
Hunde, die ständig oder zu oft unter Stress stehen, werden unausgeglichen und können zu plötzlichen Aggressionsausbrüchen neigen. Körperlich können die Hunde Allergien, Durchfall, ein gestörtes Fressverhalten und vermehrt Krankheiten durch ein geschwächtes Immunsystem bekommen.

Stress wird durch ungünstige Haltungsbedingungen (siehe Punkte 1 bis 8) ausgelöst. Weitere Stressauslöser können andauernder Lärm, Hektik, Reizüberflutung, Spaziergänge in überfüllten Hundeauslaufgebieten mit hauptsächlich großen Hunden und ähnliches sein. Der akute Stress zeigt sich im Sabbern, Hecheln, Anspannung, Konfliktreaktionen, Bellen, zwanghafte Fixiertheit auf Ball, Stock oder Besitzer, Schreckhaftigkeit etcetera.

Im Haus sollte der Hund einen Platz haben, wohin er sich zurückziehen kann und seine Ruhe hat.

SPIELE UND BESCHÄFTIGUNG

Spiele sind für die Entwicklung des Hundes und eine gute Beziehung zu seinem Menschen überaus wichtig.

Der Boston liebt es, wenn man mit ihm um die Wette rennt, gemeinsam einem Ball nachläuft, den man sich dann wieder gegenseitig abjagt, oder sich spielerisch bekämpft und knufft.

Bostons lieben und brauchen Aufgaben, die ihr Gehirn fordern. Mittlerweise gibt es viele gute Hundeintelligenzspielzeuge auf dem Markt. Aber natürlich kann der Halter sich auch selbst Probleme für den Boston ausdenken und gegebenenfalls auch eigene Ideen umsetzen und basteln.

Ansonsten kann man einen Leckerbissen in mehrere ineinander gestapelte und mit Tüchern und Stricken umwickelte Kartons verpacken. Herrlich, wie der Boston dann zerrt und schüttelt, hineinbeißt und zerreißt, dreht und wendet und mit aller Kraft kämpft.

Hat man mal keine Zeit für den Hund, so kann man ihn mit den Kausachen, die der Handel anbietet, gut beschäftigen.

Interessierte können mit dem Boston Terrier natürlich auch Hundesport wie Agility, Obedience, Tunierhundesport, Flyball, Dogdancing und TEAM-Dance machen. Der Boston Terrier steht allem aufgeschlossen gegenüber, woran auch sein Halter Spaß hat.

Eine Aufgabe als Therapiehund, der regelmäßig alte oder kranke Menschen besucht, entspricht ebenfalls dem Naturell des Boston Terriers. Ansonsten liebt der Boston Ausflüge und Reisen, wo er mit seinen Besitzern etwas erleben und Neues entdecken kann.

Boston Terrier wollen spielen, lernen, entdecken und Aufgaben lösen, dem muss Rechnung getragen werden. Fotos: Manuela Thieme

5 Sozialisierung mit Menschen und Hunden

SOZIALISIERUNG MIT MENSCHEN

Der Boston Terrier sollte von Anfang an viele verschiedene Menschen kennen lernen dürfen. Dadurch entwickelt er sich zu einem Hund, der die Stimmungen und Absichten von Menschen genau interpretieren kann. Folglich wird er Menschen nicht verbellen, sondern sich freundlich verhalten beziehungsweise fremde Leute einfach ignorieren – bei echter Gefahr zeigt er aber ein anderes Gesicht!

Entsprechen die Haltungsbedingungen nicht dem Wesen des Boston Terriers, kann es auch bei diesem freundlichen Hund vorkommen, dass er seine Besitzer und/oder Fremde beißt. Solche Hunde sind meistens extrem verunsichert, stehen unter großem Stress und vertrauen ihren Menschen nicht. Auch Schmerzen können bei Hunden zu Aggression führen! Der akute Auslöser liegt dann in der Regel darin, dass der Mensch einem auf diese Art vorbelasteten Hund zu nahe tritt, Verletzungen zu behandeln versucht, ihm etwas wegnehmen will und so weiter.

Normalerweise fallen Boston Terrier aber eher dadurch auf, dass sie nicht beißen, selbst dann nicht, wenn sie überraschend von Fremden angefasst werden, der Besitzer ihnen den leckersten Leckerbissen wegnimmt oder Wunden behandelt, die dem Hund weh tun.

SOZIALISIERUNG MIT HUNDEN

Bevor Sie Ihrem Welpen Kontakte zu Artgenossen erlauben, sollten Sie sich Hund und Halter genau ansehen und sich mit Letzterem über das Sozialverhalten und die Verträglichkeit seines Tieres unterhalten. Des Weiteren ist es wichtig, dass der junge Boston Terrier nicht nur viele Kontakte zu Artgenossen hat, sondern durch gemeinsames Spiel mit ungefähr gleichstarken Hunden auch ausgesprochen positive!

Keli und Jeremy beim gemeinsamen Spiel. Dabei zeigen sie häufig ein Spielgesicht, wobei das Maul geöffnet ist, ohne dass man die Zähne sieht. Auffallend ist weiterhin, dass die Rollen der Partner wechseln, und mal der eine, mal der andere unten liegt. Die gleichen Merkmale findet man auch im Spiel eng befreundeter gleichgeschlechtlicher Hunde. Foto: Manuela Thieme

Eng befreundete Boston-Rüden streiten sich weder um die eigene läufige Hündin noch um fremde. Andere Rüden sollten hingegen nicht zu viel Interesse zeigen. Foto: Manuela Thieme

Jerry und Jeremy sind sich ungefähr ebenbürtige Partner.
Foto: Manuela Thieme

Anhaltspunkte für Spiel sind übertriebene Drohlaute und -gebärden ohne Haaresträuben und angelegte Ohren. Die Hunde sind entspannt, zeigen Spielaufforderungen und springen übertrieben hin und her. Durch das Spiel können sie soziale Bindungen stärken, Verhaltensweisen üben, Rangordnungen austesten, Energien abbauen und natürlich Spaß haben.

Beim Scheinkampf ohne Verletzungsabsicht wird nicht mit den Zähnen, sondern mit vollem Stimm- und Körpereinsatz kurz gekämpft. Die Hunde haben ein aufgestelltes Rückenfell, aufgerissene Fänge, rammen, rempeln, schlagen einander die Beine weg oder gehen aneinander hoch. Wenige Sekunden später liegt einer auf dem Rücken oder die Hunde gehen so auseinander. Ein fairer Scheinkampf schadet der Hundefreundschaft nicht.

Der selten vorkommende Ernstkampf dagegen ist eher lautlos ohne drohende und imponierende Gebärden. Es geht nicht darum, den anderen zu warnen und zu beeindrucken und nach Klärung der Rangordnung weiterhin friedlich zusammenzuleben, sondern es geht um Leben und Tod. Folglich versucht man, den anderen durch Beißen und Beißschütteln möglichst stark zu verletzen. Der Kampf endet durch Flucht, Erschöpfung, Kampfunfähigkeit, Tod oder Einwirkung von außen.

In einem wirklichen Ernstkampf wird sich der Angegriffene nicht unterwerfen. Falls er es aus Unerfahrenheit doch tun sollte, erleidet er schlimme Verletzungen!

Wenn Hündinnen aufdringliche Rüden, Erwachsene aufmüpfige Junghunde oder Ranghöhere freche Rangniedere mittels Knurren zurechtweisen, besteht kein Grund zur Beunruhigung. Die Betroffenen akzeptieren und verstehen eine solche angemessene Zurechtweisung problemlos, was an ihrem Verhalten zu sehen ist.

Problematisch bei Hundebegegnungen sind vor allem die extrem unterschiedlichen Größen der Vierbeiner. Viele Menschen träumen von einer Welt, in der sich alle Hunde - große wie kleine - gut verstehen. Doch wir sollten nicht zwanghaft an Idealen festhalten. Vernünftiger ist es, wenn man seine Umwelt genau beobachtet und dann schaut, was machbar ist.

Leider kommt es immer wieder vor, dass schlecht sozialisierte und erzogene Großhunde Boston Terrier töten oder diese an den Verletzungen eines Beißangriffes sterben.

Es empfiehlt sich als Schutz für Nacken und Kehle daher in jedem Fall ein sehr breites und dickes Lederhalsband. Außerdem sollte man sehr aufmerksam spazieren gehen und auch bei Grundstücken aufpassen, da Hundehalter gelegentlich vergessen, das Gartentor zu schließen.

Hunde sind oftmals eher ängstlich. Das heißt, sie würden zwar einen kleineren Artgenossen angreifen, aber kaum einen größeren Menschen. Wenn Ihnen also ein Großhund begegnet, von dem Sie annehmen, dass er gleich in Ihren Boston beißt, sollten Sie sich vor Ihren Boston stellen und eventuell einen festen Gegenstand mit ausgestrecktem Arm vor Ihren Körper halten. Meist reicht diese Geste aus und wenn nicht, beißt der Hund im Normalfall in den Gegenstand. Noch sicherer ist es, wenn Sie einen automatischen Taschen-Regenschirm bei sich tragen, den Sie plötzlich in Richtung des auf Sie zu stürmenden Hundes öffnen und wie ein Schild vor sich und den Hund halten können. Das imponiert dem Angreifer in aller Regel sehr! Im Zoofachgeschäft gibt es außerdem Anti-

Geht man mit mehreren Hunden spazieren, muss man besonders gut aufpassen. Foto: Elke Mier

Dog-Spray, mit dem man angreifende Hunde in die Flucht schlagen kann. Um weitere Überfälle zu verhindern, sollte der Beißer beim zuständigen Veterinäramt angezeigt werden. Geht der Kleinhundehalter vor Gericht, so wird ihm meist Schadensersatz und mitunter sogar Schmerzensgeld für den totgebissenen Hund zugesprochen.

Natürlich sind nicht alle großen Hunde auf das Beißen kleinerer Hunde aus. Leider kann man sich aber auch nicht der Tatsache verschließen, dass solche Übergriffe doch häufiger vorkommen, als man denkt.

Ein ungefähr gleichgroßer Hund wird den Boston aufgrund des Respekts vor diesem und mangelnder Motivation in aller Regel nicht ernstkampfmäßig angreifen. Man kann die Hunde also gewähren lassen, zumal wirklich angriffslustige Hunde so gut wie ausnahmslos angeleint sind.

Jerry wurde schon mehrmals durch Dominanzgesten (Pfote auf den Rücken legen, aufreiten) zu einem Scheinkampf herausgefordert, den er dann gewann. Trotz dieser Erfolge setzt Jerry von sich aus keine solchen Dominanzgesten ein, sondern bevorzugt Freundschaft, Spiel oder Ignoranz.

Zwerghunde genießen ohnehin Narrenfreiheit, da der Boston spürt, dass sie seine Bewegungsfreiheit nicht einschränken und ihm kaum wirklich gefährlich werden können. Folglich bleibt er auch bei Zwerghunden ruhig, die ihm – meist aus Unsicherheit und um eine potenzielle Gefahr durch Bluffen etcetera abzuwehren – bellend entgegenrennen, knurren, schnappen, sich extrem welpenhaft-unterwürfig verhalten, wegrennen oder übertriebene Dominanzgesten einsetzen. Rücksichtsvolle Menschen werden den Boston dennoch anleinen, wenn Zweifel bestehen, ob der Zwerg und sein Besitzer den Kontakt wirklich wollen.

PROBLEME

Bei Begegnungen mit Artgenossen sollte man stets bedenken, dass manche Hunde aggressiv werden und unseren Boston angreifen können, sobald Futter, Spielzeug oder läufige Hündinnen ins Spiel kommen oder ein anderer Hund ihren Halter anspringt.

Und Boston Terrier selbst vergessen nichts. So kann sich ein Boston, der von einem Großhund zusammengebissen wurde, kaum verteidigen. Auch bei späteren Begegnungen mit diesem Hund hält der Boston, sofern er kann, mehrere Meter Abstand. Trifft er den entsprechenden Großhund allerdings mal in einer Lage wieder, wo dieser sich nicht wehren kann, weil er zum Beispiel hinter einem Zaun ist oder von seinem Besitzer im Genick hochgehalten wird, so durchschaut der Boston die Situation sofort und greift innerhalb von Sekundenbruchteilen an, allerdings – wie es seine Art ist - nicht beißend, sondern knurrend.

Es kommt vor, dass Boston Terrier-Rüden fremde Rüden, die mit ihren Hündinnen spielen wollen, anknurren.

Ist man mit kleineren Hundefreunden zusammen unterwegs, wird der Boston jetzt mitunter auch Hunde hinter einem Zaun anbellen, die er sonst ignoriert. Und wenn gar ein freilaufender Großhund den Zwerghund bedrängt oder der Boston seinen Freund auch nur in Gefahr wägt, stellt der Boston sich dazwischen und knurrt den Großhund untypischerweise an.

All dies wurde von den anderen Hunden bis jetzt immer akzeptiert, aber ich würde solche riskanten Situationen dennoch meiden.

Normalerweise verfügen Boston Terrier über einen starken Mitmachtrieb, das heißt, sie rennen dorthin, wo etwas los ist, zum Beispiel ein Kampf. Geht man mit mehreren Boston Terriern spazieren und einer davon gerät in einen Streit, so hat der andere Vierbeiner nachher alle Boston Terrier auf sich. Sieht man, dass es irgendwo Probleme gibt oder welche entstehen könnten, sollte man folglich seine(n) Boston Terrier rechtzeitig zu sich rufen und anleinen.

Gelegentlich passiert es, dass ungefähr einjährige Boston Terrier-Rüden große, oftmals kastrierte Männchen besteigen. Auch hier sollte man seinen Hund zu sich rufen. Ansonsten müsste diese Halbstarkenphase, in der der Hund sich ausprobiert und Grenzen testet, aber von allein vorbeigehen.

Hat man einen Boston Terrier, der Artgenossen provoziert oder ohne ersichtlichen Grund beziehungsweise in übertriebener Weise auf sie losgeht, sollte man zunächst weitere Raufereien verhindern. Dann muss man überlegen, ob er andere Hunde scheinkampf- oder ernstkampfmäßig angegriffen hat.

Im ersten Fall sollte sich bei veränderten Haltungsbedingungen (siehe Kapitel vier, Punkt 1 - 8) das Verhalten des Hundes verbessern.

Im zweiten Fall verhält sich der Boston antisozial und wird wohl nicht mehr wirklich sozial gegenüber Artgenossen werden. Mit Bestrafung erreicht man in der Regel nur, dass der Hund noch einzelgängerischer und somit rauflustiger wird. Stattdessen sollte man ihn zu der Erkenntnis bringen, dass das Leben mit Herrchen und Frauchen angenehmer als das eines Einzelgängers ist. Das menschliche Rudel sorgt für seine Auslastung, Zufriedenheit und Selbstsicherheit und meidet Kontakte zu gleichgeschlechtlichen Hunden.

6 Verhaltens-probleme

Der Boston Terrier als lebhafter, sehr sensibler und hochintelligenter Hund kann seinem Halter trotz seiner geringen Größe durchaus noch andere Probleme bereiten. Diese machen sich meist erst bei eineinhalb bis drei Jahre alten Hunden deutlicher bemerkbar.

BOSTONTYPISCHES VERHALTEN

Gleichwohl gibt es Verhaltensweisen des Bostons, die dem Halter ungelegen kommen mögen, aber keine Verhaltensstörung des Hundes darstellen. Hier können Kompromisse gebildet werden. Dennoch sollte der Boston sein natürliches Verhalten für seine innere Ausgeglichenheit und seine seelische Stabilität weitestgehend ausleben dürfen.

Der Boston Terrier springt zur Begrüßung sehr gern seine Menschen an, wie er auch seine Hundefreunde lebhaft begrüßt. Wenn er dabei einmal zu aufdringlich werden sollte, reicht es, ihm langsam die Hand mit gespreizten Fingern entgegenzustrecken, um ihn zu beruhigen. Wer von seinem Boston nicht angesprungen werden möchte, ignoriert das Anspringen und begrüßt ihn erst, wenn er unten bleibt. Möchte der Boston Terrier fremde Menschen anspringen, kann man sanft »Nein« zu seinem Hund sagen, sobald man seine Absicht durchschaut hat und er sich auf die entsprechende Person zubewegt. Andernfalls kann man jedes Mal »Sitz« sagen, wenn der Boston Terrier anspringt. Dann springt er beim zweiten/dritten Mal schon wesentlich zögerlicher an und hört schließlich ganz auf. Ebenso hilft natürlich eine Leine oder weitergehen.

Boston Terrier schlecken Menschen und befreundete Hunde, die sowohl gleichrangig als auch ranghöher oder rangtiefer sein können, gern ab. Ich würde einem Hund das Abschlecken nicht grundsätzlich verbieten, da das Abschlecken ein Teil seines Sozialverhaltens ist und er die Anweisung, seine Zuneigung doch bitte nicht wie ein Hund, sondern wie ein Mensch zu zeigen, zwar befolgen, aber nicht wirklich verstehen kann. Daher sollte man seinen Boston Terrier wenigstens die Hände oder die Ohren abschlecken lassen. Und verhält er sich doch einmal zu aufdringlich, kann man ihn sanft abwehren - auch die Mutterhündin weist hier durchaus mal zurecht, wenn ihr die Zuwendung zu viel wird. Meist bringt es aber mehr, wenn man das Abschlecken einfach ignoriert und wartet, bis der Hund von alleine aufhört.

Das Wälzen das Boston Terriers »stinkt« dem Halter oftmals im wahrsten Sinne des Wortes. Dennoch erlaube ich meinem Hund diese Freude. Und sollte er sich dabei in einer übelriechenden Sache gewälzt haben, was nur selten vorkommt, wird er zu Hause mit Hundeshampoo gewaschen. Möchte man dies alles nicht, kann man »Nein« sagen.

Das Schnüffeln bedeutet dem Hund so viel wie uns das Zeitungslesen beziehungsweise Nachrichtengucken. Es ist auch normal, wenn er dabei den Urin eines Artgenossen aufschleckt. Der Hund sollte dies ausgiebig tun dürfen, ohne ständig weitergezerrt zu werden. Ebenso sollte es ihm

Assunta schmust mit ihren Enkelkindern.
Foto: Elke Mier

Durch das Wälzen werden offensichtlich Glückshormone freigesetzt.
Foto: Manuela Thieme

erlaubt sein, zu markieren und Nachrichten zu setzen. Lediglich wenn er an ungeeigneten Stellen das Bein heben will, müssen wir ein verneinendes Wort sprechen.

Boston Terrier lieben es, Wurzeln auszugraben und etwas Erde zu fressen oder Futterstücke zu vergraben. Die Möglichkeit dazu sollte man ihnen ab und an im Wald oder im eigenen Garten geben.

Es kann vorkommen, dass Hunde unterwegs Essen finden und fressen. Hier sollte man aufpassen und gegebenenfalls »Lass los« verlangen. Hunde fressen auch gelegentlich etwas Gras, was wichtig für sie ist und dem Hund problemlos erlaubt werden darf.

ANPASSUNGSFÄHIGKEIT

Wenn der Mensch bei seinem Boston Terrier das Sozialverhalten sowie die geistige (!) und körperliche Auslastung nicht genügend fördert, ent-

Die Anpassungsfähigkeit jedes Lebewesens hat Grenzen.
Foto: Manuela Thieme

deckt dieser den Jagd- und Territorialtrieb, wird unabhängiger, kampfbereiter und untypisch ängstlich in neuen Situationen.

Bis zu einem gewissen Punkt ist das für den Boston Terrier in Ordnung, denn er kann sich innerhalb bestimmter Grenzen seiner Umwelt anpassen. Und der Mensch kann seinem Hund das dadurch entstehende unerwünschte Verhalten – Streunen, Raufen, Jagd auf lebende Tiere, übertriebenes Bellen im Garten oder Restaurant, Beschädigen der Wohnungseinrichtung – mit Worten verbieten oder ihn ablenken.

Irgendwann werden trotz aller Erbanlagen die von außen wirkenden Stressfaktoren aber zu groß und der Hund ist überfordert. Dies merkt man an seiner Unausgeglichenheit, ständigen Angespanntheit, Apathie, Hyperaktivität, einem sprunghaften Verhalten, übertriebenen oder unangemessenen Reaktionen. Wenn man die Haltungsbedingungen gemäß den Ratschlägen in diesem Buch ändert, müsste der Boston aber wieder ausgeglichener werden.

STEREOTYPIEN

Wirklich problematisch sind dagegen Stereotypien. Alles beginnt damit, dass der Hund aufgrund von Stress oder Langeweile ein Verhalten ausführt, welches ihn kurzfristig beruhigt. Folglich wird der Hund das Verhalten in ähnlichen Situationen immer schneller und immer häufiger wiederholen, bis es schließlich zwanghaft wird. Der Hund kann nicht mehr anders, als das Verhalten immer wieder zu wiederholen und ist dann nicht mehr ansprechbar.

Hat sich das Verhalten erst einmal so weit entwickelt, kann man es dem Hund kaum wieder abgewöhnen. Selbst bei verbesserten Haltungsbedingungen wird der Boston Terrier in den entsprechenden Situationen nach wie vor in das zwanghaft stereotype Verhalten verfallen, wenn auch vielleicht etwas seltener. Im Folgenden erläutere ich drei Stereotypien etwas ausführlicher.

So gibt es die Boston Terrier-Hündin oder den Rüden, der beim Anblick eines Balls oder Stocks alles andere vergisst und nur noch immer wieder den Ball/Stock bringen oder darauf herumkauen will – bis zur totalen Erschöpfung. Selbst deckbereite Hündinnen nimmt der Rüde nicht mehr wahr, geschweige denn seine Besitzer. Folglich nimmt auch die Aggressionsbereitschaft rapide zu, um das Spielzeug behalten zu können. Merkt man, dass der Boston Terrier sich übermäßig für sein

Boston Terrier beobachten genau.
Foto: Manuela Thieme

Spielzeug zu interessieren beginnt, sollte man sämtliches Ball- und Stöckchenspielen sofort einstellen, stressige Situationen meiden und seinem Hund stattdessen viel abwechslungsreichen Auslauf und Beschäftigung bieten. Für den entspannten, ausgelasteten Boston Terrier ist dagegen das Bälle-Apportieren nur ein Spiel unter vielen, was man zwar mal spielen kann, welches für ihn aber auch schnell langweilig wird.

Des Weiteren können Boston Terrier es sich angewöhnen, zum Beispiel ihre Pfote oder einen Gegenstand anfangs nur in Konfliktsituationen als Übersprungshandlung abzulecken. Nach einiger Zeit tun sie es mitunter dann zwanghaft minutenlang.

Andere Boston Terrier entwickeln die Neurose, ununterbrochen Wasser zu trinken, sofern man den Wassernapf ständig nachfüllt. Dadurch müssen sie dann natürlich alle zwei Stunden Gassi gehen beziehungsweise verlieren ihre Stubenreinheit.

Den Wassernapf nur noch begrenzt zur Verfügung zu stellen, löst das Problem. Die Ursache aber bleibt bestehen und liegt bei einem ansonsten völlig gesunden Hund (was zuvor abgeklärt werden muss!) im Stress durch falsche Haltungsbedingungen.

Besteht bei Ihrem Hund der Verdacht auf eine Stereotypie, sollten Sie professionellen Rat bei einem auf Verhaltenskunde und -therapie spezialisierten Tierarzt einholen.

Dieser Boston genießt ein Schlammbad an einem heißen Sommertag. Foto: Manuela Thieme

Friedliche Rangelei um einen Ball.
Foto: Manuela Thieme

Bostons genießen einen Fensterplatz.
Foto: Manuela Thieme

7 Ernährung, Pflege, Gesundheit

ERNÄHRUNG

Der Welpe bekommt drei bis vier, der ausgewachsene Hund ein bis zwei Portionen Futter pro Tag. Frisches Wasser sollte immer bereitstehen. Der Hund sollte nach einem langen Spaziergang gefüttert werden und dann ruhen können. Boston Terrier mögen eine gewisse Abwechslung beim Fressen, außerdem macht diese das Verdauungssystem robuster.

Neben dem handelsüblichen Feucht-, Trockenfutter, Flocken und Mixer, kann man Hühnermägen, -herzen, rohes Rindfleisch, Pansen, Thunfisch, Reis, Nudeln, Kartoffeln, Haferschleim, gekochtes Ei, Gemüse, etwas Quark, Käse, Honig, einen Teelöffel Öl usw. füttern. Rohes Schweinefleisch ist für Hunde absolut tabu, da es die gefürchtete Aujezkysche Krankheit übertragen kann!

Die Mischung sollte etwas mehr Fett als bei den meisten anderen Hunderassen enthalten. Hierbei stütze ich mich auf die Erfahrungen einer langjährigen Boston-Züchterin, welche mit meinen eigenen übereinstimmen. Die Ursache liegt vermutlich in der Neotenie, da Jungtiere generell energiehaltigere Nahrung zu sich nehmen. Bei Katzenrassen wurde wissenschaftlich ermittelt, dass Perser einen fast doppelt so hohen Fettgehalt in ihrer Nahrung benötigen als Siamkatzen.

Als Snacks eignen sich unter anderem Markknochen, Lammschlund, Trockenfleisch, Pansen und Ochsenziemer. Schokolade und Zwiebeln sind sehr ungesund, in größeren Megen sogar giftig für Hunde, während splitternde Hühnerknochen zu tödlichen Unfällen führen können.

Einen Hund bezeichnet man als übergewichtig, wenn man die Rippen nicht mehr fühlen kann. Außerdem wird ein dicker Hund merklich ruhiger. Läufige Hündinnen fressen oft instinktiv mehr. Wenn sie dann nicht werfen, haben sie sich Fett angefressen, welches nicht verbraucht wird.

Diese beiden sehen aus, wie Bostons aussehen sollten: schlank und fit. Foto: Manuela Thieme

Hier muss der Halter also entsprechend weniger füttern, auch wenn die Hündin mehr will.

Ansonsten sollten Boston Terrier viel Bewegung bekommen, um sich ihr Futter wieder abzutrainieren und ein Fressen aus Langeweile zu verhindern. Außerdem sollte man aufpassen, dass man täglich nicht zu viele Leckerlis füttert und sich hier mit den anderen Familienmitgliedern absprechen.

Dagegen ist ein Boston Terrier zu dünn, wenn sich seine Knochenbreite (Substanz) und Muskeln nicht richtig entwickeln können, er kraftlos ist, sehr viel schläft und möglicherweise Fellprobleme hat. Allerdings dauert es gerade bei Rüden mitunter bis zu drei Jahre, bis sie ihre endgültige Brustbreite entwickelt haben. Frisst der Boston Terrier regelmäßig zu wenig, sollte er viel Auslauf bekommen, um seinen Appetit anzuregen. Ebenso muss Stress vermieden werden. Bei schlechten Fressern sollte man mehrere kleine Mahlzeiten pro Tag füttern. Hat der Hund einmal keinen Hunger, wird das Futter nach einer Weile einfach kommentarlos weggeräumt. Nur wenn die Appetitlosigkeit länger als einen Tag anhält, sollte man der Sache weiter auf den Grund gehen und einen Tierarzt zu Rate ziehen. Mäkeligen Fressern serviert man eine energiereiche Futtermenge von geringem Volumen. Diese kann man mit etwas geriebenem Käse, einem kleinen Stück Butter, Speiseöl, etwas Bratensoße oder ein wenig untergerührter Wurst schmackhafter machen. Mitunter kann man die ersten paar Bissen per Hand verfüttern, um den Hund so auf den Geschmack zu bringen.

PFLEGE

Bei optimaler Pfotenstellung und wenn der Hund viel auf festem Boden läuft, ist Krallenschneiden oft überflüssig. Andernfalls muss der Mensch nachhelfen. Beim Krallenschneiden darf man nicht in die Blutgefäße schneiden, die man bei weißen Krallen als rote Ader durchschimmern sieht. Hat Ihr Hund auch einige schwarze Krallen, bei denen man die Ader nicht sieht, kürzen Sie hier einfach nur regelmäßig die Spitzen. Ab und zu müssen Sie die jeweils fünfte Kralle der Vorderläufe, die so genannte Wolfskralle, kontrollieren und gegebenenfalls schneiden.

Sofern sich der Boston Terrier nicht in etwas stark Übelriechendem gewälzt hat, ist Baden überflüssig. Außerdem zerstört zu häufiges Baden die natürlichen Hautfette, die schmutzabweisend wirken.

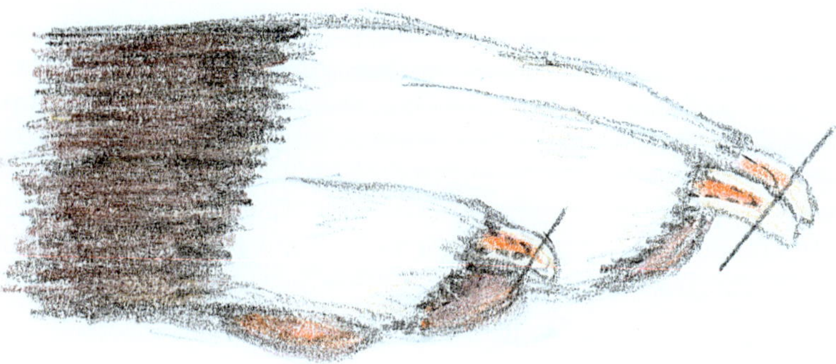

Krallenschneiden.
Manuela Thieme

Falls die Ohren schmutzig aussehen, können sie mit etwas Watte gesäubert werden, wobei man aber nicht zu tief ins Ohr vordringen darf. Im Zoofachhandel gibt es auch spezielle feuchte Ohrreinigungstücher für diesen Zweck.

Mit feuchten Babytüchern kann man die Hautfalten links und rechts neben der Nase und die Augenwinkel reinigen.

Die Hautfalten können sich entzünden, was aber nur sehr selten – falls überhaupt – passiert.

Gegebenenfalls kann man die Zähne seines Hundes regelmäßig mit einer speziellen Hundezahnpasta putzen, um Zahnstein zu reduzieren.

TYPISCHE GESUNDHEITSPROBLEME BEIM BOSTON TERRIER VON A – Z

Analdrüsenentzündung. Die Analbeutel, welche rechts und links vom After liegen und ein Duftsekret enthalten, können verstopfen und sich entzünden. Dann schwillt die Gegend links oder rechts vom After an und kann aufbrechen, meist zeigt der Hund ein deutliches Unbehagen. Vorbeugend kann man alle paar Monate probieren, ob sich das übelriechende Sekret verdickt und gestaut hat, und es gegebenenfalls ausdrücken. Der Tierarzt zeigt Ihnen, wie man es am besten macht.

Bindehautentzündung. Hat der Hund eine gerötete und geschwollene Bindehaut und tränende Augen, die oft zugekniffen werden, hat er vermutlich Zugluft abbekommen oder einen Fremdkörper im Auge. Man kann die Lidränder mit lauwarmem Wasser reinigen und den Boston dann ausruhen und schlafen lassen. Bei länger anhaltenden Beschwerden ist der Tierarzt aufzusuchen.

Borreliose. Diese durch Zecken übertragene bakterielle Gelenks- und Hauterkrankung kann Tage bis Wochen nach einem Zeckenbiss auftreten. Die Symptome sind oft sehr verschieden, häufig lahmt der Hund wechselnd auf einer oder mehreren Pfoten, besonders nach dem Aufstehen. Die Gelenke schwellen an und können stark schmerzen.

Bei Verdacht auf Borreliose muss unbedingt der Tierarzt hinzugezogen werden. Man kann seinen Hund gegen Borreliose auch impfen lassen.

Durchfall. Dies kann durch eine plötzliche Futterumstellung, abführende Nahrungsmittel oder Stress ausgelöst werden. Sind Würmer die Ursache, muss eine Wurmkur durchgeführt werden. Wenn der Durchfall mehrere Tagen lang andauert und es dem Hund ansonsten gut geht, sollte man ihn einige Tage fasten lassen oder Kohletabletten verabreichen. Bei gleichzeitigem Fieber und gestörtem Allgemeinbefinden muss der Hund dem Tierarzt gezeigt werden!

Entwurmung. Der Tierarzt informiert Sie über die notwendigen Maßnahmen zur Entwurmung, die regelmäßig alle sechs Monate stattfinden sollte.

Erbrechen. Gelegentliches Erbrechen ist bei Hunden normal, zum Beispiel wenn sie zu gierig, etwas Falsches oder Gras gefressen haben. Im Zusammenhang mit Durchfall und/oder Fieber ist es aber ein deutliches Alarmsignal.

Erkältung. Bei einer leichten Erkältung sollte der Hund sich ausruhen können und warm gehalten werden. Breiige, angewärmte Nahrung und Honig tun ihm jetzt gut. Erkältungen sind nicht mit schwerwiegenden Infektionskrankheiten wie zum Beispiel Zwingerhusten zu verwechseln! Messen Sie die Körpertemperatur und bringen Sie den Hund bei Fieber auf jeden Fall zum Tierarzt.

Flöhe. Flöhe kann man beim kurzhaarigen Boston Terrier in der Regel mit bloßem Auge erkennen. Sie halten sich meist in der Kopf- und Halsregion und am Rutenansatz auf. Weitere Hinweise liefern kleine, schwarze, krümelige Punkte im Fell – der Flohkot. Sie sollten Ihren Hund sofort mit Ungeziefershampoo waschen.

Unbedingt muss auch die Umgebung mit Mitteln, die Sie beim Tierarzt erhalten, behandelt und gegebenenfalls das Waschen wiederholt werden.

Grauer Star. Diese meist erblich bedingte Augenerkrankung kommt regelmäßig bei alten Hunden fast aller Rassen vor und zeigt sich in einer zunehmend milchigen Trübung der Linse. Der Hund kann dadurch immer schlechter sehen.

Sein Orientierungsvermögen funktioniert aber durch den Geruchssinn auch weiterhin meist recht gut. Bei noch relativ jungen Tieren und beidseitigem Grauen Star ist eine Operation in einer Spezialklinik zu empfehlen.

Haarausfall. Wenn es wärmer wird, können Boston Terrier wetterbedingt sehr viele Haare verlieren, auch wenn sie sonst so gut wie gar nicht haaren. Ansonsten kann Haarausfall auch durch einen Mangel an Zink, essentiellen Fettsäuren im Futter, Allergien, Pilzinfektionen oder Stress bedingt sein.

Hautentzündungen. Plötzlich auftretende Schwellungen, juckende Hautrötungen, nässende oder schorfige Stellen können mit einer Kamillenlösung beruhigt werden. Verschwinden die Symptome nicht wieder nach ein paar Tagen, muss ein Tierarzt die Ursache abklären.

Hitzschlag. Hunde schwitzen nur an den Pfoten. Die Regulierung der Körpertemperatur erfolgt durch Hecheln, was allerdings nur bis zu einem gewissen Punkt funktioniert. Bei sehr heißem Wetter muss der Boston daher unbedingt Zugang zu Wasser und Schatten haben. Außerdem sollte vermieden werden, dass der Boston bis zum Umfallen mit Hundefreunden oder seinem Halter tobt. Beachten Sie, dass Boston Terrier genau wie Englische oder Französische Bulldoggen wegen ihres verkürzten Fangs hitzeempfindlicher sind als »langschnäuzige« Hunderassen!

Wenn der Hund stark hechelt, nicht mehr weiterlaufen will oder gar taumelt, sollten Sie ihn ausruhen lassen oder ihn schnell nach Hause tragen und dort langsam und vorsichtig mit Wasser abkühlen. Beim Hitzschlag handelt es sich um einen akuten, lebensbedrohlichen Notfall!

Impfungen. Hunde werden gegen Tollwut, Staupe, Hepatitis, Parvovirose, Leptospirose und gelegentlich Zwingerhusten geimpft. Mit acht Wochen erhält der Welpe eine 4fach-Impfung und mit zwölf Wochen eine 5fach-Impfung, die dann jährlich wiederholt wird.

Jugendliche Katarakte. In den USA erblinden zunehmend Boston Terrier im Alter von ungefähr einem Jahr. Anfangs sieht das wie kleine weiße Flecken in beiden Augen aus. Da sich diese Krankheit auch

Sieben Monate alter Rüde nach einem Beißangriff mit einem geklammerten Loch hinterm rechten Ohr. Foto: Manuela Thieme

Im Zweifelsfall sollte der Boston sicherheitshalber immer einem Tierarzt vorgestellt werden. Foto: Manuela Thieme

rezessiv vererbt, arbeitet man in Amerika an einem Gentest, der äußerlich gesunde Träger des krankmachenden Gens identifizieren soll. Mit betroffenen Hunden darf nicht mehr gezüchtet werden!

Krankheitszeichen. Ernste Krankheitszeichen bei einem Hund sind:

- 40 Grad C Fieber (Um die Lage genau einschätzen zu können, sollte man die Normaltemperatur seines Hundes kennen.)
- pechschwarzer, blutiger, wässriger oder stark schleimiger Kot
- aufgeblähter, harter oder schmerzhafter Bauch
- gelbe, bläuliche oder blasse Schleimhäute
- Hautfalten bleiben aufgrund eines hohen Flüssigkeitsverlusts stehen, wenn man sie hochzieht

Operationen. Hat der Hund ernste gesundheitliche Probleme, sollte man mehrere Tierärzte befragen - irren ist menschlich - und Spezialisten aufsuchen. Wenn eine Vollnarkose ansteht, würde ich persönlich eine größere Klinik bevorzugen, die über entsprechende Erfahrungen mit kurzschnäuzigen Rassen und modernste Technik verfügt. Bei kurzschnäuzigen Rassen wie dem Boston Terrier kann es zu Narkoseproblemen kommen.

Patellaluxation. »Verrenkung« (Luxation) der Kniescheibe (Patella). Durch eine erblich bedingte Lockerheit der Bänder in Zusammenhang mit einer Verdrehung und Verkrümmung des Oberschenkelknochens rutscht die Kniescheibe aus dem Gelenk nach innen und wieder zurück, wodurch das Kniegelenk anschwillt und schmerzt. Folglich wird der Boston Terrier anfangs hüpfen und das Bein später häufiger hochnehmen. Eventuell kann eine Operation helfen. Die Patellaluxation kann ebenso durch einen Unfall als Folge eines Bänderrisses entstehen.

Scheinträchtigkeit. Die erste Läufigkeit tritt bei Boston Terrier-Hündinnen meist mit sechs bis sieben Monaten auf und zeigt sich in einem Anschwellen der Vulva, mal mehr, mal weniger Blutausfluss und interessierten Rüden. Wenn die Hündin sechs bis acht Wochen nach der Läufigkeit ein pralles Gesäuge entwickelt, eine Höhle graben oder ein Nest bauen will, Kuscheltiere verteidigt oder sich verkriechen möchte und niedergeschlagen wirkt, leidet sie unter einer Scheinträchtigkeit. Man sollte ihr daher das Nestbaumaterial und die Kuscheltiere wegnehmen und sie mit Spaziergängen, Spielen und geistiger Beschäftigung ablenken. Da Scheinträchtigkeiten zunehmend stärker werden, kann mitunter eine Kastration schon nach dem ersten Auftreten angebracht sein.

Die Anlage zu Scheinträchtigkeit ist erblich bedingt, weshalb mit solchen Hündinnen nicht weiter gezüchtet werden sollte – entgegen dem Rat mancher »Experten«, der Hündin einen Wurf Welpen zu gönnen, damit die Scheinträchtigkeit aufhöre!

Tumore. Wenn man bei seinem Boston auf tastbare Knoten unter der Haut stößt, besteht der Verdacht auf Tumore. Ob diese vorliegen, ob sie gut- oder bösartig sind und ob eine Operation möglich beziehungsweise sinnvoll ist, prüft der Tierarzt. Die meisten Tumore bei Bostons betreffen Herzbasis, Haut, Magen und Gesäuge.

Vergiftung. Symptome für Vergiftungen sind: starker Speichelfluss, wiederholtes Erbrechen, gelegentlich Durchfall, Blut im Erbrochenen, Kot oder Urin, Apathie, Atemnot, blasse oder bläuliche Schleimhäute, jagender Puls, Taumeln, Krampfanfälle, Ohnmacht. Sofort zum Tierarzt fahren! Ist dies nicht möglich, geben Sie dem Hund zwangsweise konzentrierte Kochsalzlösung (ein Esslöffel Salz auf 100 ml Wasser) ein, um ihn zum Erbrechen zu bringen. Tun Sie dies allerdings nicht, wenn die Vergiftung auf eine stark ätzende Substanz zurückzuführen ist, denn dann würden Sie die Speise- und Luftröhre beim Erbrechen erneut schädigen. Andernfalls können Sie ihm Kohletabletten oder sehr reichlich Wasser zu trinken geben.

Verkehrs-/Beißunfall. Wurde der Hund angefahren oder von einem großen Hund gebissen und geschüttelt, sollte man ihn sofort anleinen, da der Boston Terrier wahrscheinlich einen Schock erlitten hat und bei erstbester Gelegenheit blindlings flüchten wird. Bedrohlich wirkende Blutungen müssen zunächst provisorisch gestillt werden, indem man mit einem Verband oder der Hand Druck auf das pulsierende Gefäß ausübt. Druckverbände dürfen allerdings nur begrenzte Zeit auf der Wunde bleiben, da sonst das Absterben des Gewebes oder sogar der Gliedmaße droht. Bei Nackenwunden durch eine Beißerei kann sich die Haut handflächengroß vom Fleisch gelöst haben, was alles der Tierarzt behandeln muss. Ebenso können innere Verletzungen vorliegen.

Lässt sich nach dem Unfall äußerlich rein gar nichts feststellen, sollte man dennoch darauf achten, dass sich keine Blutbeimengungen in Urin und Kot befinden. Beginnt der Hund zwei bis drei Tage nach der Beißerei zu fiebern und will nicht mehr fressen, kann eine Blutvergiftung vorliegen.

Bei einem Autounfall sollte man sich sofort Fahrzeugkennzeichen und Namen des Fahrers, bei einem Hundeangriff Namen und Anschrift des Halters geben lassen beziehungsweise die Polizei rufen.

Zecken. Zecken müssen so schnell wie möglich und ohne Quetschen mit Hilfe einer Zeckenzange entfernt werden. Das Beträufeln der Zecke mit Öl oder Alkohol ist nicht anzuraten, weil die Zecke dann noch mehr Speichel und damit mehr Krankheitserreger absondert. Nach den ersten 24 Stunden, wo sich eine Zecke festgesaugt hat, steigt die Gefahr einer Ansteckung mit Borreliose (siehe Borreliose) rapide.

Bei ernsten oder andauernden Problemen sollte stets der Tierarzt konsultiert werden.

Nur ein gesunder Hund fühlt sich wohl und ist unternehmungslustig.
Foto: Manuela Thieme

8 Ausstellungen und Zucht

Ausstellungen sind notwendig, wenn man mit seinem Hund züchten möchte. Für die Zuchtzulassung muss er mindestens mit »sehr gut« (Sg) bewertet werden, wobei »vorzüglich« (V) noch besser ist. Bei den Bewertungen muss man bedenken, dass Richter sich unterscheiden, dass der Hund auf verschiedenen Ausstellungen unterschiedlich gut aufgelegt sein und aussehen kann und dass auch die Konkurrenz nicht überall die gleiche ist. Folglich kann man auf verschiedenen Ausstellungen unterschiedliche Formwertnoten und Platzierungen erreichen.

STANDARD

Jeder Ausstellungs-Boston Terrier wird anhand des Boston Terrier-Standards beurteilt, welcher zuletzt 1995 geringfügig geändert wurde. Die Angabe der jeweiligen Gewichtsklasse eines Boston Terriers ist rein formal, da bei Ausstellung und Zucht keine Trennung erfolgt. Es darf keine Größe bevorzugt werden, sondern jeder Hund soll für seine Größe wohlproportioniert sein und dem Standard entsprechen.

FCI-Standard Nr. 140 / 20.04.1998 / D
BOSTON TERRIER
ÜBERSETZUNG: Frau Elke Peper
URSPRUNG: U.S.A.
DATUM DER PUBLIKATION DES GÜLTIGEN ORIGINALSTANDARDES: 02.02.1995
VERWENDUNG: Begleithund
KLASSIFIKATION FCI: Gruppe 9 Gesellschafts- und Begleithunde
Sektion 11 Kleine doggenartige Hunde. Ohne Arbeitsprüfung

ALLGEMEINES ERSCHEINUNGSBILD: Der Boston Terrier ist ein lebhaf-

Best-in-Show-Gewinner Ch. Cabanterra Patrician, genannt Bud.
Foto: Claudia Garrandt

ter, höchst intelligenter, kurzhaariger Hund von ausgewogener Gesamterscheinung mit kurzem Kopf, kompaktem Gebäude und kurzer Rute. Er ist gestromt, schwarz oder »seal« (d.h. schwarz mit rötlichem Schimmer, der jedoch nur bei Sonne oder bei hellem Licht zu sehen ist), jeweils mit gleichmäßiger weißer Zeichnung. Der Kopf steht in gutem Verhältnis zur Gesamtgröße des Hundes, und sein Ausdruck läßt einen hohen Intelligenzgrad erkennen. Der Körper ist ziemlich kurz und fest gefügt, die Gliedmaßen sind kräftig und wohlgeformt, die Rute ist kurz. Kein Merkmal ist dabei so stark ausgeprägt, daß der Hund schlecht proportioniert erscheint. Der Hund vermittelt den Eindruck von Entschlossenheit, Kraft und Aktivität mit viel Eleganz; seine Haltung ist leicht und anmutig. Die harmonische Kombination von Farbe und weißer Zeichnung ist ein besonders kennzeichnendes Merkmal eines vorbildlichen Rassevertreters. Den Merkmalen Ausgewogenheit, Ausdruck, Farbe und weiße

Zeichnung sollte bei der Bewertung des allgemeinen Erscheinungsbildes gegenüber anderen Punkten besondere Beachtung geschenkt werden. Der klar umrissene, kurze Körper, verbunden mit dem einzigartigen Charakteristikum des quadratischen Kopfes und Vorgesichts und die beeindruckende Farbzeichnung haben ein besonders nettes, charmantes Wesen amerikanischen Ursprungs geprägt: den Boston Terrier.

Im Vergleich von Vertretern beiderlei Geschlechts besteht der einzige erkennbare Unterschied in dem etwas zierlicheren Körperbau bei der Hündin.

WICHTIGE PROPORTIONEN: Die Höhe der Läufe muß in gutem Verhältnis zur Rumpflänge stehen, um dem Boston Terrier sein eindrucksvolles, quadratisches Erscheinungsbild zu geben. Der Boston Terrier ist ein kräftiger Hund, der weder spindeldürr noch derb wirken darf. Seine Knochen und seine Muskulatur müssen in gutem Verhältnis zum Gewicht und zum Gebäude des Hundes stehen und zu deren gewünschter Ausprägung beitragen.

VERHALTEN/CHARAKTER (WESEN): Der Boston Terrier ist ein freundlicher, lebhafter Hund. Die Rasse ist vorzüglich veranlagt und von hoher Intelligenz, was den Boston Terrier zu einem einzigartigen Begleithund werden läßt.

Boston Terrier sind harmonisch gebaute Hunde. Aquarell: Manuela Thieme

KOPF

OBERKOPF
Schädel: Quadratisch, oben flach, faltenfrei; mit steil abfallender Stirnpartie.
Stop: Gut ausgeprägt.

GESICHTSSCHÄDEL
Nasenschwamm: Schwarz, breit; er zeigt eine deutliche Linie zwischen den Nasenlöchern.
Fang: Das Vorgesicht ist kurz, quadratisch, breit und tief und steht in gutem Verhältnis zum Schädel. Es ist faltenfrei, kürzer als breit oder tief; seine Länge beträgt maximal ca. ein Drittel der Schädellänge. Die Oberlinie des Fangs vom Stop bis zur Nasenspitze verläuft parallel zur Oberlinie des Schädels.
Lefzen: Tief, hängen jedoch nicht lose herab, und bedecken die Zähne vollständig, wenn der Fang geschlossen ist.
Kiefer/Zähne: Breit und quadratisch mit kurzen, regelmäßig angeordneten Zähnen. Das Gebiß hat Zangenschluß oder genügend Vorbiß, um den Fang das quadratische Aussehen zu geben.
Wangen: Flach.
Augen: Weit auseinander platziert, groß, rund und dunkel. Sie sind rechtwinklig zu dessen Umrißlinien im Schädel eingesetzt; die äußeren Augenwinkel liegen, von vorn gesehen, auf einer Linie mit den Wangen. Der ideale Ausdruck des Boston Terriers ist aufmerksam und freundlich und zeigt einen hohen Intelligenzgrad. Dies ist ein besonders wichtiges Charakteristikum der Rasse.
Ohren: Klein, aufrecht getragen – entweder natürlich oder kupiert, um die Form des Kopfes zu betonen – und so dicht wie möglich an den äußeren Schädelkanten angesetzt.

HALS: Die Länge des Halses muß das ausgewogene Erscheinungsbild des ganzen Hundes prägen. Der Nacken ist leicht gebogen; er trägt den Kopf anmutig und zeigt einen harmonischen Übergang zu den Schultern.

KÖRPER: Der Körper sollte kurz wirken.
Obere Profillinie: Eben.

Rücken: Kurz genug, um den Körper quadratisch wirken zu lassen.
Kruppe: Sie fällt zum Rutenansatz hin leicht ab.
Brust: Tief und von guter Breite; die Rippen sind am Ansatz gut gebogen und reichen weit nach hinten bis zur Lendenpartie.

RUTE: Tief angesetzt, kurz, fein und spitz zulaufend; sie ist gerade oder schraubenförmig und darf nicht oberhalb der Waagerechten getragen werden. (Anmerkung: Die bevorzugte Rutenlänge beträgt maximal ein Viertel der Entfernung zwischen Rutenansatz und Sprunggelenk.)

GLIEDMASSEN
VORDERHAND: Die Vorderläufe stehen mäßig weit auseinander und liegen auf einer geraden Linie unterhalb der Schulterblattspitzen. Knochen gerade.
Schultern: Schräg gelagert und gut zurückliegend, auf diese Weise die elegante Bewegung des Boston Terriers ermöglichend.
Ellenbogen: Weder nach innen noch nach außen gedreht.
Vordermittelfuß: Kurz und kräftig. Wolfskrallen dürfen entfernt werden.
Vorderpfoten: Klein, rund und kompakt, weder einwärts noch auswärts gestellt; gut gebogene Zehe mit kurzen Krallen.

HINTERHAND
Oberschenkel: Kräftig, gut bemuskelt und korrekt angesetzt.
Knie: Gut gewinkelt.
Hintermittelfuß: Kurz und weder nach innen noch nach außen gestellt; die Sprunggelenke sind ausgeprägt.
Hinterpfoten: Klein und kompakt mit kurzen Krallen.

GANGWERK: Die Bewegung des Boston Terriers ist die eines trittsicheren Hundes mit geradliniger Bewegung, wobei die Vorder- und die Hinterläufe in perfektem Rhythmus geradlinig nach vorn geführt werden und jeder Schritt Anmut und Kraft anzeigt.

HAARKLEID
HAAR: Kurz, glatt, glänzend und fein in seiner Textur.

FARBE: Gestromt, Schwarz oder »Seal« jeweils mit weißer Zeichnung

(Anmerkung: »Seal« ist zu definieren als Schwarz mit rötlichem Schimmer, der nur bei Sonnenlicht oder sonstigem hellen Licht zu erkennen ist). Die Farbe Gestromt wird ausschließlich dann bevorzugt, wenn alle anderen Punkte in ihrer Qualität gleich sind.

Geforderte Zeichnung: Weiße Markierung rund um den Fang, weiße Blesse zwischen den Augen, weiße Vorderbrust.

Erwünschte Zeichnung: Weiße Markierung rund um den Fang, gleichmäßige weiße Blesse zwischen den Augen und über dem Kopf, Weiß rund um den Hals und an der Vorderbrust, Vorderläufe teilweise oder ganz weiß, Hinterläufe weiß unterhalb der Sprunggelenke. (Anmerkung: Kein ansonsten typischer Rassevertreter sollte dafür bestraft werden, daß er nicht die »erwünschte« Zeichnung aufweist.) Ein Hund mit überwiegend weißem Kopf oder Körper muß allerdings besondere andere Vorzüge haben, um diese Mängel ausgleichen zu können.

GEWICHT:
Das Gewicht wird folgendermaßen in Klassen eingeteilt:
- unter 6,8 kg (15 lbs).
- 6,8 kg bis unter 9 kg (15 lbs bis unter 20 lbs).
- 9 kg bis max. 11,3 kg (20 lbs bis max. 25 lbs.)

PUNKTESKALA

Allgemeines Erscheinungsbild	10
Ausdruck	10
Kopf (Fang, Kiefer, Gebiß, Schädel & Stop)	15
Augen	5
Ohren	5
Hals, Oberlinie, Körper, Rute	15
Vorderhand	10
Hinterhand	10
Pfote	5
Farbe, Haar & Zeichnung	5
Bewegung	10
Summe	100

FEHLER: Jede Abweichung von den vorgenannten Punkten muss als Fehler angesehen werden, dessen Bewertung in genauem Verhältnis zum Grad der Abweichung stehen sollte.

- Klobiges oder klotziges Erscheinungsbild.
- Enge oder weite Nasenlöcher.
- Augen, die zu viel Weiss oder Nickhaut zeigen.
- Grösse der Ohren unproportioniert zur Kopfgrösse.
- Fröhlich getragene Rute.
- Substanzarme Läufe.
- Steile Kniegelenke.
- Gespreizte Pfoten.
- Rollende, paddelnde oder webende Aktion; Hackney-Bewegung (steppender Gang).

SCHWERE FEHLER:
- Kreuzbiß.
- Zunge oder Zähne bei geschlossenem Fang sichtbar.
- Gerundeter oder eingesunkener Rücken.
- Flache Rippenwölbung.
- Jegliche kreuzende Aktion, gleichgültig ob in Vorder- oder Hinterhand.

AUSSCHLIESSENDE FEHLER:
- Fleischfarbene, braune oder gefleckte Nase.
- Augenfarbe blau oder jegliche Spur von Blau.
- Kupierte Rute.
- Einfarbig schwarz, gestromt oder »seal« ohne die geforderte Zeichnung.
- Grau oder Leberfarbe.

N.B.: Rüden müssen zwei offensichtlich normal entwickelte Hoden aufweisen, die sich vollständig im Hodensack befinden.

AUSSTELLUNGSVORBEREITUNGEN

Zunächst bringen Sie schon Ihrem Welpen bei, für ein sehr kurzes Weilchen stehen zu bleiben und belohnen ihn dafür. Später, wenn er mit

Nach durchschnittlich 57 bis 63 Tagen werden Boston-Welpen mit einem Geburtsgewicht von ungefähr 170 bis 225 g geboren.
Foto: Elke Mier

Hier ist alles gutgegangen.
Foto: Elke Mier

der Aufgabe vertraut und entspannt ist, muss er immer länger stehen bleiben. Nun können Sie ihn gerade hinstellen, wobei die Vorderläufe nebeneinander und die Hinterläufe ein kleines Stück nach hinten gestellt werden. Man sollte seinen Boston Terrier so motivieren, dass er den Kopf hoch und die Ohren aufrecht trägt. Ein guter, gelassener Ausstellungshund sollte Hundeausstellungen mit ihren Hunde- und Menschenmassen und das Abtasten durch den Richter von klein an kennen. Wann Ausstellungen stattfinden und wo Sie Ihre Meldeunterlagen anfordern können, erfahren Sie bei den Rasseclubs. Für die eigentliche Ausstellung packen Sie dann die Meldebestätigung, Impfpass, Ahnentafel, eine Sicherheitsnadel (zur Befestigung der Ausstellernummer), Ausstellungsleine (auf Ausstellungen oder beim 1. CBD zu erwerben) sowie etwas Futter und Wasser ein.

Im Ring wird der Boston Terrier so gestellt, dass der Richter die Profilansicht des Hundes begutachten kann. Dann wartet man auf Aufforderungen durch den Richter. Nach dessen Wünschen führt der Aussteller seinen Hund mit der linken Hand und bewegt sich im Ring im umgekehrten Uhrzeigersinn. Der Boston Terrier geht im mittleren Trab mit erhobenem Kopf flüssig vorwärts. Auch die nähere Begutachtung auf einem Tisch fehlt nicht. Letztlich werden die Hunde gute Noten erhalten, die dem Idealstandard der Rasse in Aussehen und Bewegung sehr nahekommen und sich in einem guten psychischen und physischen Zustand befinden.

VORÜBERLEGUNGEN ZUR ZUCHT

1. **Welpenkäufer:** Kennen Sie genug geeignete Leute, denen Sie einen Boston Terrier-Welpen anvertrauen würden? Könnten Sie notfalls nicht verkaufte Welpen etwas länger behalten und Boston Terrier, die mit ihren menschlichen Familien trotz aller Bemühungen nicht klar kommen, zurücknehmen und neu vermitteln? Außerdem werden Ihre Welpenkäufer auch nach dem Kauf mit Problemen zu Ihnen kommen.
2. **Anzahl der Hunde eines Züchters:** Kein Boston Terrier sollte im Zwinger leben. Was passiert also mit den herangewachsenen und den alten Hunden, die für die Zucht nach eingehender Untersuchung von Gesundheit, Wesen und Aussehen doch nicht oder nicht mehr geeignet sind? Erwartungsgemäß wird ein Züchter schnell mehrere Hündinnen haben. Gleichzeitig muss man bedenken, dass man sich

bei zu vielen Hunden nicht mehr angemessen um jeden einzelnen kümmern kann. Auch werden Spaziergänge zunehmend komplizierter.

3. **Platz, Zeit, Geld:** Welpen brauchen für eine optimale Entwicklung von Wesen, Sozialverhalten und Intelligenz die vielfältigsten Umweltreize, also Haus, Garten und viele Anregungen. Die Welpen müssen gut mit Menschen sozialisiert und die Umgebung muss sauber gehalten werden. Überdies muss man auch die finanziellen Voraussetzungen für herausragende Zuchttiere und die Aufzucht der Welpen erfüllen.
4. **Probleme und Sorgen:** Boston Terrier sind leider keine einfach zu züchtende Rasse. Kaiserschnitte sind aufgrund der großen Köpfe recht häufig nötig, um das Leben von Hündin und Welpen zu retten. Die Welpen müssen Sie selbst abnabeln, da Boston Terrier mit ihren kurzen Fängen damit oft Probleme haben und die Welpen verletzen können. Gelegentlich werden missgebildete oder kranke Welpen geboren, zum Beispiel Kreuzbiss, Spaltrachen, Spina Bifida oder Megaoesophagus.
5. **Ständige Weiterbildung:** Sind Sie bereit, sich das entsprechende Wissen durch Fachliteratur anzueignen, Stammbäume zu studieren und Informationen über Zuchthunde einzuholen? Außerdem sollten Sie in gutem Kontakt mit einem erfahrenen Züchter stehen, der Ihnen bei eventuellen Problemen helfen kann.
6. **Papiere:** Selbstverständlich sollte man nur Hunde mit Papieren eines anerkannten Verbandes züchten, da der Wurf sonst der Rasse verloren geht und ebenso eine gewisse Ordnung erforderlich ist. Die deutschen Klubs 1. CBD und KfT, die beide den Boston Terrier betreuen, sind Mitglied im größten deutschen Hundeverein VDH, der wiederum dem internationalen Hundeverein FCI angeschlossen ist. Welpen ohne 1. CBD oder KfT-Papiere sind von Ausstellungen und Zucht im VDH und FCI ausgeschlossen.

AUSWAHL DER ZUCHTHUNDE

1. **Gesundheit Phänotyp (= äußeres Erscheinungsbild des Hundes):** Diese kann der Tierarzt prüfen. Ansonsten sollte man sich im Zweifelsfall eher für einen älteren Deckrüden entscheiden, da viele Krankheiten erst im fortgeschrittenen Alter auftreten.

Züchterglück. Foto: Elke Mier

2. **Gesundheit Genotyp (= nach außen hin nicht sichtbare Erbanlagen):** Die mögliche rezessive (= wird im Zusammenspiel mit einem dominanten Gen unterdrückt) Anlage im Genotyp bei einem äußerlich völlig gesunden Tier ist dagegen schon schwieriger zu ermitteln, kann aber bei bestimmten Erbkrankheiten im Labor nachgewiesen werden. Hierzu wird anhand einer Blutprobe ein DNA-Test durchgeführt (molekularbiologische Diagnostik). Weitere wichtige Hinweise bieten die Gesundheit von Ahnen und Geschwistern. Züchtet man mit Tieren, die die rezessive Anlage für eine Erbkrankheit in sich tragen, kann sich das entsprechende Gen unbemerkt sehr weit ausbreiten (besonders wenn der Träger ein häufig eingesetzter Deckrüde war), so dass dann irgendwann – wenn zunehmend zwei Hunde mit einer rezessiven Anlage für die gleiche Erbkrankheit verpaart werden – in vielen Würfen kranke Hunde geboren werden und die Krankheit

kaum noch auszumerzen ist. Generell sollte jeder, der ans Züchten denkt, sich zumindest solide Grundkenntnisse der Genetik aneignen.

3. **Wesen:** Zeigt die Hündin ein ausgeglichenes Wesen und die gewünschten Charaktereigenschaften? Falls der Rüde Verhaltensauffälligkeiten zeigt: sind diese ererbt oder erworben? Im Zweifelsfall sollte man kein Risiko eingehen.
4. **Aussehen:** Haben die Hunde größere Mängel im Aussehen, oder kommen sie dem Standard recht nahe? Ansonsten sollten Rüde und Hündin im Typ und in den erwünschten wesentlichen Merkmalen übereinstimmen und diese dominant aufweisen. Hierzu müssen wieder Stammbäume und Fotos studiert und durch Gespräche mit Züchtern und Haltern Informationen eingeholt werden, ob die Vorfahren ebenfalls entsprechende Merkmale zeigen.
5. **Natürliche Fortpflanzung:** Durch die verhältnismäßig großen Köpfe sind bei Bostons oft Kaiserschnittgeburten notwendig. Um diese zu reduzieren, sollte man eher große Hündinnen mit breitem Becken mit kleinen Rüden verpaaren. Die Zuchthunde sollten bezüglich ihres Fortpflanzungsverhaltens außerdem instinktsicher sein. Die Hündin sollte eher gute, normale Läufigkeiten als trockene Hitzen ohne Anschwellen oder Blutung haben. Der Rüde sollte über einen gesunden Geschlechtstrieb verfügen.
6. **Inzucht und Linienzucht:** Die Zucht mit mehr oder weniger eng verwandten Tieren ist zunächst notwendig, um erwünschte Rassemerkmale im Erbgut zu festigen. Außerdem können durch fortgesetzte Inzucht und scharfe Selektion Merkmale bis zu einem gewissen Punkt gesteigert werden. Gleichzeitig kommen aber eventuell rezessive Fehler und Erbkrankheiten zum Vorschein, und natürlich können sich neben den erwünschten auch unerwünschte Eigenschaften im Erbgut verankern. Bei andauernder Inzucht über mehrere Generationen kommt es außerdem zu zunehmender Reinerbigkeit und somit Genverlust, vermehrten Mutationen und weniger Widerstandskraft, so genannte Inzuchtschwäche. Für die umstrittene Inzucht ist viel Fingerspitzengefühl und die genaue Kenntnis aller Linien sowie deren eventuell rezessiv vorhandener Fehler nötig.
7. **Fremdzucht:** Daher ist für die Robustheit der Tiere gleichzeitig regelmäßige Fremdzucht unerlässlich. Dabei verpaart man Bostons aus verschiedenen Blutlinien und Ländern miteinander.

Literaturhinweise

Dr. Felicia Rehage & Eiko Weigand
LASSIE, REX & CO.
Der Schlüssel zur erfolgreichen Hundeerziehung

Dr. Pasquale Piturru & Eiko Weigand
LASSIE, REX & CO. KLÄREN AUF
So wollen wir verstanden werden!
Wesentliches zum Wesen des Hundes

Viviane Theby
SCHNÜFFELSTUNDE
Nasenspiele für Hunde

Viviane Theby & Michaela Hares
WIR SCHNÜFFELN WEITER
Neue Nasenspiele für Hunde

Patricia B. McConnell
DAS ANDERE ENDE DER LEINE
Was unseren Umgang mit Hunden bestimmt

Professor Geoffrey Sumner-Smith (Hrsg.)
DAS GROSSE BUCH DER HUNDEGESUNDHEIT

Kerstin Hasse-Schwenkler
PHYSIOTHERAPIE FÜR HUNDE

Elke Peper
TERRIER DER WELT
Band I – Niederläufige Terrier